Christel Sakalow

Kurze Auszeiten für *Leib* und *Seele*

Christel Sakalow

Kurze Auszeiten für *Leib* und *Seele*

Besinnungswege in Franken

echter

Vorwort

Eher zufällig stieß ich vor einigen Jahren auf den Franziskusweg in der Rhön. Eine Verbindung von einem Wanderweg mit dem hl. Franziskus? Das konnte ich mir nicht vorstellen, es machte mich neugierig. So ging ich diesen Weg. Schon nach kurzer Zeit fühlte ich mich ganz erfüllt von dem, was da auf mich wartete: eine herrliche Wegführung durch eine vielfältige Natur; ein Lobgebet, das mich die ganze Zeit begleitete; Texte und Impulse, die zum Nachsinnen und Nachspüren anregten, über mich, mein Leben, meinen Glauben; beeindruckende Kunstwerke, die inspirierten. Ich war infiziert. Von da an besuchte ich weitere Besinnungswege. Keiner glich dem anderen, jeder hatte seinen eigenen Reiz, seinen eigenen Charakter. Aber immer fühlte ich mich reich beschenkt, wenn ich heimkehrte.

So will dieses Buch einladen, es will Sie verlocken, einen Weg zu entdecken, der Sie anspricht. Vielleicht möchten Sie auch einen nächsten Ausflugstag dazu nutzen, einen der Wege zu entdecken. Alleine, mit Ihrer Familie, mit Freunden?

Ich wünsche Ihnen, dass auch Sie die „Geschenke" aufspüren, die der jeweilige Weg für Sie bereit hält, dass Sie gestärkt sind für den Alltag, wenn Sie nach dieser „Auszeit für Leib und Seele" wieder nach Hause kommen.

Bedanken möchte ich mich bei all denen, die mich auf dem einen oder anderen Weg begleitet haben; bei denen, die mich immer wieder ermutigt und unterstützt haben und besonders bei Regina Streinz, die darüber hinaus noch mit großer Liebe die Wegskizzen gestaltet hat.

Christel Sakalow

4 Rhön
Höchheim 5
Großeibstadt 6
Bad Kissingen 7
Altenmünster
Rieneck
Schweinfurt
Sömmersdorf 8
Egenhausen
Glattbach
1 Retzbach
Zellingen 2
Würzburg
3 Rück-Schippach
Handthal 10
Scheinfeld
Messelhausen 11
Ulsenheim 12
Aurach 13

17 Untermerzbach
18 Lichtenfels
9 Breitbrunn
Vierzehnheiligen
19 Bayreuth
15 Viereth-Trunstadt
Königsfeld
16 Bamberg
20 Pottenstein
21 Kühlenfels
Mühlhausen
Erlangen
Nürnberg
Fürth
Bürglein
Großhaslach
14 Petersaurach
Ansbach
Ingolstadt

Inhalt

6,5

10
1 *Besinnungsweg Retztal*
Retzbach/Retzstadt

1,0

16
2 *Theresienweg*
Zellingen

6,5

22
3 *Rück-Besinnungsweg*
Rück-Schippach

5,0

28
4 *Franziskusweg*
Urspringen/Rhön

8,0

34
5 *Auferstehungsweg*
Höchheim

6,0

40
6 *Weg der Seelenstühle*
Großeibstadt

2,0

46
7 *Weg der Besinnung*
Bad Kissingen

2,7
6,0

52
8 *Passionswege*
Sömmersdorf

1,3

58
9 *Kreuzweg*
Breitbrunn

2,0

64
10 *Franziskusweg*
Handthal

8,5

70
11 *Augustinusweg*
Messelhausen

Legende: 6,5 Streckenlänge — barrierefrei — für Familien mit Kindern — teilweise barrierefrei

76
12 *Weinbergsmeditationsweg*
Ulsenheim

82
13 *Besinnungsweg Sonnengesang*
Aurach

88
14 *Hirtenweg*
Petersaurach

94
15 *Weg der Menschenrechte*
Viereth-Trunstadt

100
16 *Schöpfungsweg*
Bamberg

106
17 *Fränkischer Bibelweg*
Untermerzbach

112
18 *Nothelferweg*
Lichtenfels

118
19 *Franziskusweg*
Bayreuth

124
20 *Psalmenweg*
Pottenstein

130
21 *Andachtsweg*
Kühlenfels

136
Weitere Wege

151/152
Literaturnhinweise/Impressum

In herrlicher Natur körperliche und geistige Entspannung, inneren Tiefgang und neue Energie finden

Besinnungsweg Retztal

Retzbach/Retzstadt

1

Ein Kloster in Retzstadt mit weltoffenen Patres soll geschlossen werden. Da hat Pater Fritz Schaub, ein passionierter Wanderer, den Gedanken, hier einen „Besinnungsweg" zu gestalten. Es finden sich viele, die mitmachen: Leute, die Markierungen anbringen, andere, die besinnliche Texte aussuchen, auch Künstler aus der Region. Der Weg führt durch eine abwechslungsreiche, von Kontrasten geprägte Landschaft. Die Natur selbst bietet schon vielfältige Gelegenheit zur Besinnung – ein einzeln stehender Baum, ein gelbes Getreidefeld, die Weinberge an den steilen Hängen. Wichtige Innehalt-Stellen sind die beiden Kirchen und Kreuzwege. Von Künstlern gestaltete Stationen geben spannende Impulse, den Weg als Symbol für unseren Lebensweg zu sehen.

Der gesamte Weg führt durch das fünf Kilometer lange Retztal und dann über die Höhe des „Breitfeld" zurück. Er hat eine Höhendifferenz von circa 200 Metern und ist etwa 13,5 Kilometer lang. Eine Abkürzung auf etwa halber Strecke ermöglicht es, den Weg in zwei kürzere Routen zu teilen, einen Rundweg von Retzbach aus mit circa 6,5 Kilometer Länge, einen anderen von Retzstadt aus, der circa 9 Kilometer lang ist. Im Folgenden wird die untere Route von Retzbach aus beschrieben. Die Laufrichtung sollte sich daran entscheiden, ob man einen steileren, aber spannenden Weg aufwärts gehen möchte – vom Kreuzweg Retzbach kommend –, oder einen langsameren Aufstieg, der zunächst ins Retztal führt, um dann etwas sachter anzusteigen. Beide Möglichkeiten sind markiert.

Der Weg

Wir beginnen an der Kirche „Maria im Grünen Tal", dem wohl ältesten noch bestehenden Wallfahrtsort der Diözese Würzburg. Am Vorplatz gibt uns ein großes Schild einen ersten Überblick über den Verlauf des Besinnungswegs. Empfehlenswert ist zusätzlich die Orientierung mit Hilfe eines Faltplans, der auch Texte zu den einzelnen Stationen anbietet. In der Kirche stehen wir vor dem Gnadenbild aus dem 14. Jahrhundert, dem Ziel vieler Wallfahrer. Wir treten aus der Kirche, halten uns rechts und laufen Richtung „Kreuzweg", den wir bald erreichen. Er gilt wegen seiner Lage als einer der schönsten in Franken. Langsam steigen wir den steilen Kreuzweg hinauf. Am Ende halten wir uns links, folgen der Markierung. Ein Feldweg führt nun relativ eben um die Nase des Bergs herum. Wir stoßen auf eine Straße, die uns aufwärts zur Kolpingkapelle führt. Danach ändert sich der Charakter des Wegs. Er wird zum Pfad, der sich steil durch ein Waldstück emporschlängelt. Aber was für ein Wald! Wir befinden uns in einem Landschaftsschutzgebiet: Unter uns eine nur dünne Bodenschicht, darunter Kalkstein. Eine außergewöhnliche Vielfalt an Pflanzen und Tieren gibt es in jeder Jahreszeit zu entdecken. Wir gehen an Kiefern und krummen Eichen vorbei. Zahlreiche Insekten schwirren herum, viele bunte Schmetterlinge. Sogar Singzikaden sind an manchen Tagen zu hören. Wir genießen hier die Atmosphäre eines mediterranen Landes! Immer wieder haben wir herrliche Ausblicke hinunter ins Maintal mit seinen Weinhängen und Dörfern. Ab und zu steht ein Schild mit einem besinnlichen Text am Wegrand – von Autoren wie Anne Steinbrück, Jörg Zink, Mutter Teresa. Bald werden wir auch mit einem Kunstobjekt konfrontiert: Eine Künstlerin hat das Gerippe eines Nests aus Stahldrähten geformt.

Doch die Behaglichkeit, Wärme eines Nests ist hier nicht sichtbar. Vielleicht ist die Idee: Wie kann ich mein „Nest", meinen Lebensraum menschenfreundlich, einladend machen? Wenn wir den Wald verlassen, sehen wir vor uns einen besonderen Platz: das „Thüngersheimer Kreuz". Bei einem großen Holzkreuz treffen zwei Wege aufeinander. Eine Sitzgruppe unter einem Baum lädt zum Rasten ein. Bei klarer Sicht könnten wir von hier einen Abstecher zur Breitfeldhöhe machen (hin und zurück circa drei Kilometer), mit fantastischen Blicken auf die Rhön, den Spessart, den Steigerwald und das Maintal. Ansonsten gehen wir nur ein kurzes Stück den Weg zurück und folgen der Markierung „Abkürzung" nach rechts ins Retztal. Der Weg führt stetig abwärts, bis er – nun schon fast im Tal – auf den Weg von Retzstadt her kommend stößt. Nochmals könnten wir hier einen kurzen Abstecher nach rechts machen (circa 500 Meter, siehe Skizze), um das beeindruckende Kunstwerk „Die Völkerwallfahrt" anzuschauen. Ansonsten wenden wir uns nach links, folgen dem Weg, der im Wald parallel zum Radweg und zum Retzbach verläuft. An Fischteichen vorbei nähern wir uns dem Ort und kommen am Marienbrünnlein unterhalb der Wallfahrtskirche wieder zu unserem Ausgangspunkt zurück.

Impuls: Was hat mich auf diesem Weg besonders berührt?

Gebet

Guter Gott, manchmal schenkst Du mir solche Stunden: Einfach losgehen, die Natur genießen, von oben auf die Welt schauen, Texten nachsinnen, Kunstwerke fantasievoll deuten, über Dich und mein Leben nachdenken. Danke dafür! Amen.

Tipp:

→ Sehr empfehlenswert für Gruppen ist die Buchung einer **Führung** durch Mitglieder des Fördervereins. Die Vermittlung erfolgt über die beiden Pfarrämter (s. u.).

Ausgangspunkt: Wallfahrtskirche „Maria im Grünen Tal“ in Retzbach; Parkmöglichkeit direkt dort; ÖPNV: gute Bahnverbindung ab Würzburg (ca. 10–15 Min., dann 10 Min. Fußweg zur Kirche)

Weglänge/-dauer: 6,5 km/2–3 Std.

Beschaffenheit: Feldwege, Waldwege, Waldpfad; viel Schatten; 200 Höhenmeter Aufstieg; einzelne Sitzgelegenheiten; nicht barrierefrei

Informationen:

→ www.pg-retztal.de/besinnungsweg

→ Ein Faltplan und das Buch „Geh deinen Weg“ ist bei den Pfarrämtern in Retzbach (Tel. 09364/99 30) und Retzstadt (09364/8 15 33 30) erhältlich.

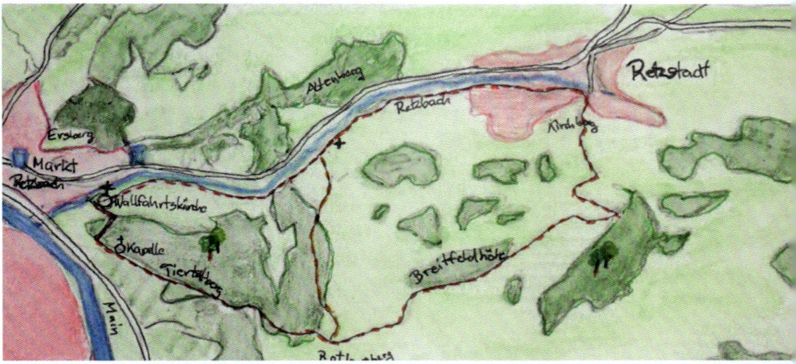

Begegnung mit der hl. Therese von Lisieux
und ihrem Glaubensleben

Theresienweg

Zellingen

2

Auf einer sanften Anhöhe, umgeben von Wiesen und Feldern, steht die Flurkapelle St. Therese. Sie wurde im Jahr 2006 errichtet. Ein Förderkreis mit engagierten Gemeindemitgliedern kümmert sich um die Pflege der Kapelle und der liebevoll angelegten Außenanlagen. In dem schlichten, modernen Gebäude erfährt man mehr über die Heilige. Wichtige Aussagen von ihr schmücken als Zitate die Wände: „Das Auge Jesu schaut immer auf das Herz." Oder: „Ich will meinen Himmel damit verbringen, auf Erden Gutes zu tun. Es wird sein wie ein Rosenregen." Ein großformatiges Foto von ihr – mit Blumenstrauß – steht neben einer lebensgroßen figürlichen Darstellung. Von ihrer rechten Hand „regnen" einige Rosenblätter. Man kann in Büchern blättern und sich über die „Kleine Therese" informieren. Viele Einträge ins Gästebuch zeugen von einer regen Besucherschar. Vor der Kapelle ist auf zwei hohen rechteckigen Steinen das Leben der Heiligen in Stichpunkten eingraviert. Eine Tischgruppe mit Blick ins breite Maintal und auf Zellingen lädt zur Rast ein. Der Theresienweg wurde einige Jahre später im Jahr 2011 eingeweiht. Er soll zusätzlich Anstoß geben, sich mit der heiligen Therese näher zu beschäftigen, einer jungen Heiligen, die in ihrer bescheidenen Lebensweise eine glühende Gottes- und Nächstenliebe ausstrahlte. Der Zellinger Künstler Hermann Weisenberger entwarf in Zusammenarbeit mit dem Förderverein die einzelnen Stationen. Sie sind in Anlehnung an das Leben der heiligen Therese schlicht in der Ausführung und sollen dem Besucher Raum zur eigenen Deutung und Besinnung lassen.

Der Weg ist bewusst kurz und barrierefrei gehalten, damit ihn auch ältere Menschen ohne Mühe gehen können. Die Wegführung beschreibt von der Kapelle ausgehend ein großes Rechteck. Eine Markierung ist nicht vorhanden und auch nicht nötig, die jeweils nächste Station ist immer gut erkennbar.

Der Weg

Gleich neben der Kapelle St. Therese beginnt der Theresienweg mit seiner ersten Station: Eingebettet in ein Meer aus weißen und pinkfarbenen Rosen steht eine schlichte Betonstele mit einem dreieckigen Aufsatz aus Holz. In dem Holzaufsatz ist eine Glaskugel befestigt. Sie spiegelt die Umgebung wieder, jedoch ist der gelbe Weizen nun oben und der blaue Himmel unten zu sehen. Auf der Betonstele steht das Thema dieser Station: Gott. In der Form des Dreiecks mag der Besucher die Dreieinigkeit Gottes erkennen. Die Spiegelung der Glaskugel könnte bedeuten: Der Himmel ist schon auf der Erde. Das üppige Beet aus Rosen und die Grundgestaltung der Stele werden uns bei jeder Station wieder begegnen. Rosen sind das Attribut der heiligen Therese, auch auf Abbildungen ist sie immer damit zu sehen. Wir folgen dem Weg leicht aufwärts – weiter hinaus in die offenen Fluren von Zellingen. Nach wenigen Gehminuten entdecken wir die zweite Station. Auf der Stele mit dem Wort „Glaube“ steht ein kreuzförmiger Aufsatz, darin eine blaue Glaskugel. Der Weg biegt nun nach rechts ab, wird zum Feldweg. Wir stehen vor der Station „Hoffnung“. Der Aufsatz hat die Form einer Blume, darin eine grüne Glaskugel. Wir schlendern weiter an Wiesen entlang, laufen an einem Sonnenblumenfeld vorbei. Unter einer Baumgruppe treffen wir auf die nächste Station – die „Liebe“: In dem Aufsatz in Form eines Herzens leuchtet eine rote Glaskugel.

Der Weg wendet sich nun wieder dem Dorf zu. Nach einer kurzen Strecke betrachten wir die letzte Station. „Ewigkeit“ wird dargestellt als Kreis, die Kugel in der Mitte glänzt goldgrün. Wir gehen weiter, wenden uns dann nach rechts, sehen bereits wieder die Flurkapelle vor uns und haben rasch unseren Zielpunkt erreicht.

Impuls: Was fasziniert mich an der Person der heiligen Therese?

Gebet

Guter Gott, die sogenannte „Kleine Therese" war von eher schwächlicher Natur, war sehr jung, keine gelehrte Person. Dennoch wusste sie sich immer von Dir angenommen, geliebt und hat diese Liebe mit vollem Herzen und sehr sichtbar für ihre Umgebung weitergegeben. Mach auch mir immer wieder bewusst, dass ich nichts leisten muss, um von Dir angenommen zu werden, sondern dass ich mich einfach in Deine Liebe fallen lassen kann. Amen.

Tipps:

→ **Besuch der Marien-Wallfahrtskirche** in Retzbach auf der anderen Mainseite → Die **Domstadt Würzburg** ist nur wenige Kilometer entfernt → **Einkehr im schönen Biergarten „Anker-garten"** in Zellingen direkt am Main

Ausgangspunkt: Flurkapelle St. Therese, etwas außerhalb von Zellingen, Richtung Billingshausen (Nähe Schützenhaus); Parkmöglichkeit direkt an der Kapelle; ÖPNV: gute Zugverbindung von Würzburg – Fußweg vom Bahnhof/Zellingen, dann ca. 15 Min.
Weglänge/-dauer: ca. 1 km/ca. ½–1 Std.
Beschaffenheit: glatter Belag, überwiegend Teerstraße; nur sanfte Steigungen; barrierefrei; Sitzgelegenheit an jeder Station
Informationen: wallfahrt.bistum-wuerzburg.de/wege/theresienweg

Verbindung zwischen abwechslungsreicher Natur, Kunstwerken und besinnlichen Texten

Rück-Besinnungsweg

Rück-Schippach

3

An der Station „Achtsamkeit“ ist Stefan Weigand gerade mit kleineren Wartungsarbeiten beschäftigt. Er ist Mitglied des Begründer-Teams dieses Wegs und erzählt: „Im Jahr 2013 entstand die zündende Idee für diesen Besinnungsweg. Eine gute Handvoll begeisterter Mitarbeiter und großzügige Spender ermöglichten die Umsetzung des Vorhabens, einen Weg über wichtige Werte im Leben zu gestalten.“ Den Stationen wurden Kunstwerke und besinnliche Texte zugeordnet, die zum Nachspüren anregen. Die Vorarbeiten dauerten zwei Jahre. „Es war eine gute Zusammenarbeit aller Beteiligten“, meint Herr Weigand, „und das in großer Harmonie“. Im Jahr 2015 erfolgte die Einweihung. Der Plan dieser engagierten Gruppe ging voll auf: Mehr als 3000 Menschen besuchten seitdem jährlich diesen Rundweg. Er verbindet die zwei Orte Schippach und Rück, integriert dabei an zwei Erinnerungs-Stationen regionale Ereignisse. Sieben Kunstwerke von verschiedenen Künstlern verkörpern Werte-Themen – jedes auf seine eigene Art. Eine Stationstafel mit Wegverlauf und einem Text ist jedem Kunstwerk zugeordnet. Immer lädt eine Ruhebank zum Verweilen und In-sich-Gehen ein, an einigen Stellen bieten Sitzgruppen die Möglichkeit zu einem Picknick.

Durch QR-Codes auf den Tafeln oder in der Begleitbroschüre „Atem holen ...“ bekommt der Besucher weitere Infos und Anregungen und so einen noch tieferen Zugang zum Weg.

Der Weg

Wir beginnen vor der Piuskirche. An diesem Platz war ursprünglich 1914 der Bau einer Weltfriedenskirche geplant gewesen. Der wurde jedoch eingestellt und an dessen Stelle dieses sehr große, moderne Gebäude gesetzt. Der Kirchvorplatz ist also ein guter Standort für das Objekt „Frieden“: ein Kunstwerk aus mehreren Robinienholz-Stämmen, mit Kettensäge grob bearbeitet. Wir laufen die Straße ein wenig zurück, den Berg hinunter und stoßen auf den Talweg, der auch Radweg ist. Bald sehen wir die 2. Station: „Mut“. Eine abstrakte, an einen Torso erinnernde Keramikarbeit steht etwas abseits auf einem Sockel. Das Kunstwerk strebt kraftvoll nach oben. Wir gehen weiter im Talgrund entlang. Eine Zwischenstation erinnert an die ehemalige Elsavatalbahn, auf deren Trasse wir uns gerade bewegen. Die nächste Station – „Hoffnung“ – ist eine vielzackige, etwa drei Meter hohe Edelstahl-Konstruktion. Nun macht der Weg einen Knick nach links. Nach dem Überqueren der Straße gelangen wir ins ehemalige Kloster Himmelthal. Im hinteren Bereich des Geländes stehen wir vor dem Thema „Gelassenheit“. Was für eine Ausstrahlung! Der Platz an der alten Klostermauer, die Art der Bepflanzung und eine Sitzbank unterstreichen die Ruhe, die von einer Sandstein-Figur ausgeht.
Wir verlassen das Klostergelände durch ein Tor. Nicht weit entfernt sehen wir das nächste Kunstwerk: „Achtsamkeit“. Aus zwei Reststücken eines alten Sandstein-Bild-

stocks, einem polierten Granitstein und Metallteilen hat der Künstler etwas Neues geschaffen: Gottes Auge schaut auf die Welt und auf die Zeit, die in Form eines beweglichen Pendels dargestellt ist. Unten am Sockel sind die Fülle des Lebens und der Tod zu sehen. Eine Kombination, die zum Nachdenken über den Sinn des Lebens und die Vergänglichkeit anregt. Wir gehen weiter, folgen der Markierung. Der Weg ist nun erst Wiesenweg, wird dann ein schmaler Pfad, der leicht bergauf führt. Eine Zwischenstation erzählt von der Geschichte des Weinbaus in dieser Region. Wir laufen an alten, aufgelassenen und terrassierten Weinbergen vorbei, erreichen dann die Weinlagen nahe am Ort. Als die ersten Häuser zu sehen sind, führt der Weg steil abwärts. An Station 6 stehen wir vor einer Steinmetz-Arbeit in Granit: „Dankbarkeit“. Hier bietet sich uns ein schöner Blick auf den Ort. Wir folgen dem Weg abwärts und kommen am Dorfplatz an. Dort steht die Bronzefigur der „Momme“, die an eine überaus verdiente Mitbürgerin von Rück erinnert, ein humorvolles, lebensfrohes Original. So ist diese letzte Station auch dem Thema „Gemeinschaft“ gewidmet. Auf der Terrasse des Dorfladens mit Café können wir unseren Weg kulinarisch abschließen. Von hier aus sind wir in knapp zehn Minuten wieder an unserem Parkplatz an der Kirche.

Impuls: Welche Stationen haben mich besonders beeindruckt?

Gebet

Danke für die Schönheiten der Natur und Kultur auf diesem Weg. Danke für die Kunstwerke, denen ich mit Fantasie begegnen und nachspüren kann. Danke für die Texte, die mich berühren. Danke, dass ich hier auf andere Gedanken komme und Kraft schöpfen darf für die Aufgaben in meinem Alltag. Amen.

Tipps:

→ **Flyer** zum Mitnehmen an Station 1 oder Ausdruck von der Webseite → Wenn man nach Station 5 auf dem Weg im Tal bleibt, ist er – unter Auslassung der Station 6 – **barrierefrei**; → **Führungen für Gruppen** mit Besichtigung der barocken Klosterkirche, s. Webseite → Die **Begleit-Broschüre** „Atem holen in atemloser Zeit" ist im Dorfladen erhältlich; → Feinen **„Rücker" Wein** gibt es im Laden

Ausgangspunkt: Kirche St. Pius in Elsenfeld-Schippach; Parken direkt dort; ÖPNV: Busverbindung ab Bahnhof Obernburg ca. 15 Min. (Bahnlinie Aschaffenburg – Miltenberg)

Weglänge/-dauer: ca. 6 km/2–3 Std.

Beschaffenheit: asphaltiert, Wald-/Wiesenweg; mit Abkürzung barrierefrei (s. Tipps)

Informationen: www.rueck-besinnungsweg.de

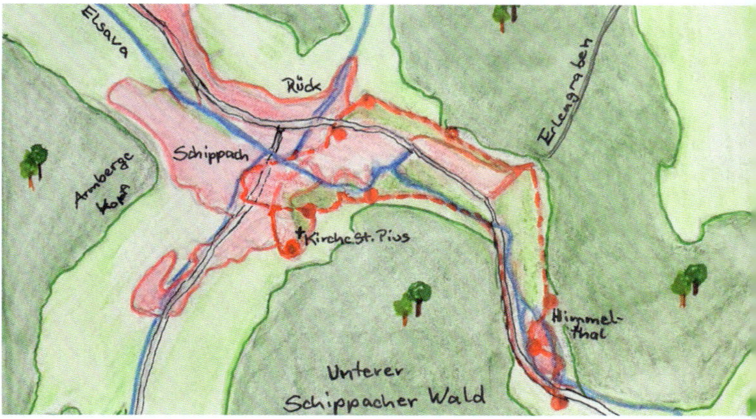

Der Sonnengesang des hl. Franziskus
inmitten herrlicher Natur

Franziskusweg

Urspringen/Rhön

4

Der Franziskusweg in der Rhön ist ein Besuchermagnet und scheint die Erwartungen seiner Begründer Günter und Monika Werner voll zu erfüllen. Inspiriert vom Franziskusweg in Südtirol gestalteten sie hier einen Besinnungsweg, der die Besucher ganzheitlich ansprechen soll: durch Natur, Kunst und Spiritualität. Sie äußerten den Wunsch an die Besucher, „dass etwas von der Faszination, die er [Franziskus] in seinem Sonnengesang zum Ausdruck bringt, überspringen darf und dass Sie sich [...] vom ‚franziskanischen Virus' anstecken lassen" (Werner, Atem-Wege, S. 10).
Schon wenn wir die Ortschaft Urspringen passiert haben, können wir den Alltag gedanklich immer mehr hinter uns lassen. Die Straße steigt in langen Bögen kilometerlang bergan. Dann sind wir oben – etwa 700 Meter hoch – im Biosphärenreservat Rhön, am Rand eines Hochplateaus oder „im Land der offenen Fernen", wie sich die Rhön auch nennt. Auf Höhe des Wanderparkplatzes unterhalb der „Thüringer Hütte" haben wir nun einen wundervollen Blick ins Unterland, von dem wir gerade kommen.

Der Weg

Der Rundweg beginnt an der Kapelle. Die Wegführung wurde achtsam in die natürlichen Gegebenheiten eingepasst. Die Beschilderung mit einem roten „T" führt uns zunächst kurz entlang einer relativ stark befahrenen Straße. Nach „Schwester Wasser" überqueren wir diese, laufen nun auf einem Weg am Rand des Waldes entlang. Jetzt müssen wir aufpassen: Nach circa 300 Meter biegen wir bei einem Holzpfahl mit weiß gefärbter Spitze auf einen Seitenpfad nach rechts ab. Hier finden wir „Mutter Erde", in verschiedenen Skulpturen ausgestaltet. Wir kehren zum Weg zurück. Nach einer Weile wenden wir uns nach rechts, durchqueren den Wald. Unterwegs treffen wir immer wieder auf eine Station des Sonnengesangs und begegnen Bruder Wind, Schwester Sonne, Bruder Feuer und so weiter. Wir sind gespannt: Welche Station wird es sein? Und: Wie wird sie im Kunstobjekt dargestellt und interpretiert? Schüler der Holzbildhauerschule in Bischofsheim haben die Themen in ihren Kunstobjekten sehr individuell umgesetzt. Die Stationen folgen nicht der vorgegebenen Reihenfolge im Lied, sondern die Abfolge ist dem Gelände angepasst. So ist die Station „Frieden" eine Holzbrücke über ein Bächlein. Auf dem Geländer strecken sich zwei Hände entgegen. Daneben findet sich – wie bei allen Stationen – der entsprechende Text aus dem Sonnengesang und unter dem eigentlichen Text noch einige Gedanken oder Impulse dazu. Eine überraschende Umsetzung hat man sich für „Mond und Sterne" ausgedacht. Sie soll an dieser Stelle nicht verraten werden! Kurz vor der Brücke über den Bach, der

Station „Frieden“, geht es sehr steil den Berg hinab. Allmählich gelangen wir in offenes Gelände und haben schließlich einen wunderbaren Weitblick bei der letzten Station – dem Lob Gottes am Ende des Sonnengesangs.
Der Weg endet wieder an der modernen, offenen Kapelle, für die wir uns am Schluss auch noch Zeit nehmen sollten. Sie wurde mit regionalen Materialien und Kunstobjekten sehr bewusst gestaltet.
Zusätzlich zu den zehn Kunststationen zum Sonnengesang ist noch ein anderer Weg, der sogenannte „Lebensweg“ mit sieben Lesestationen in den Franziskusweg eingeflochten. Diese greifen Themen auf wie: „Weg von der Überholspur“, „Umwege“ oder „Wegbegleiter“ und bieten Reflexionen zum eigenen Lebensweg an.

Impuls: Welches Lob-Dank-Gebet könnte ich formulieren?

Gebet

Guter Gott, die großen Elemente Deiner Schöpfung, aber auch die kleinen, lassen mich dankbar staunen. Segne meine Versuche, Hüter dieser Schöpfung zu sein und nicht Zerstörer. Amen.

Tipps:

→ **Buch** „Atem-Wege“ mit vielen Bildern, Gebeten, Liedern und vertiefenden Texten – auch für Kinder → **Führungen** einmal im Monat kostenfrei möglich (s. Link) → **Franziskusweg-App**: Download von der Webseite; auch abrufbar an jeder Station per QR-Code → In der **„Thüringer Hütte“** lässt es sich gut einkehren. → Über die **Hochrhönstraße** (einmaliges Panorama!) kommt man zum **„Bruder Franz Haus“** beim Franziskanerkloster Kreuzberg bei Bischofsheim (ca. 20 km)

Ausgangspunkt: Wanderparkplatz bzw. Haltestelle unterhalb des Berggasthofs „Thüringer Hütte“, 4 km von Urspringen/Rhön; ÖPNV: 10 Min. mit Rufbus ab Fladungen/Rhön (1 Stunde vorher anmelden!)
Weglänge/-dauer: ca. 5 km; mit Pausen an den Stationen ca. 2 Std.
Beschaffenheit: asphaltiert, Waldwege, Wiesenpfad; bis zur Station 8 auch mit Kinderwagen/Rollstuhl zu begehen (dann gleicher Weg zurück); moderate Steigungen; Ruhebank an jeder Kunststation; ganzjährig begehbar; gutes Schuhwerk bei Regen oder Schnee empfehlenswert

Informationen:
www.franziskusweg.de
→ Buch „Atem-Wege“ (s. S. 151)
→ DVD „Atemwege“ (beide erhältlich auch im Berggasthof „Thüringer Hütte“)

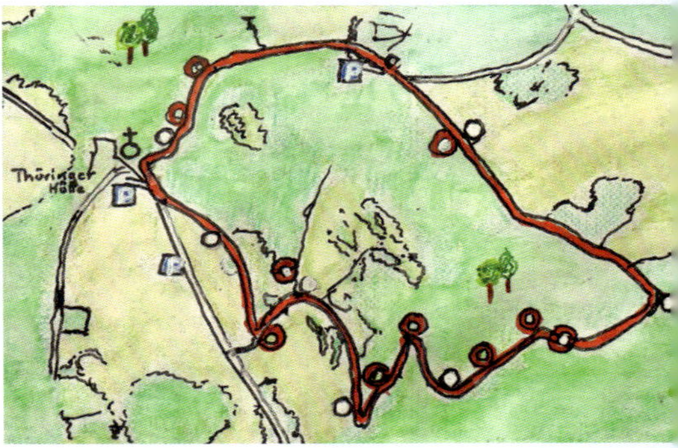

Den zentralen Momenten der Osterbotschaft
im eigenen Leben nachspüren

Auferstehungsweg

Höchheim

5

Einen Auferstehungsgottesdienst draußen in der offenen Flur feiern – das war Tradition der evangelischen Christen der Gemeinden Irmelshausen, Höchheim und Rothausen. Aus dieser Verbundenheit heraus entstand 2012 der Auferstehungsweg, nach dem Vorbild des gleichnamigen Wegs in der Lüneburger Heide. In einer ruhigen, offenen Landschaft folgen die 13 Stationen mit Bildern des Künstlers Werner Steinbrecher keiner biblischen Reihenfolge. Sie stehen an bewusst gewählten, markanten Stellen und sollen mit ihrer Umgebung und dem Besucher in einen lebendigen Dialog treten: Was hat die Osterbotschaft mir ganz persönlich und heute zu sagen? Wo ist für mich eine „Auferstehung“, ein Neuanfang möglich?

Die Bilder erzählen vom Sieg Christi über den Tod, von Begegnungen des Auferstandenen, von Leben, Hoffnung und Zukunft. Der Künstler arbeitet dabei abstrakt, deutet nur an, lässt Raum für Interpretation. Er verwendet klare geometrische Formen – das Dreieck wohl für die Dreieinigkeit Gottes – und spielt mit Farbkontrasten, mit Licht.

Der Weg

Wir beginnen unseren Weg mit einem Besuch in der schönen evangelischen Kirche St. Jakobus in Irmelshausen. Dort liegt – wie auch in den beiden anderen Kirchen – ein Flyer mit der Beschreibung der Stationen und einer Wegskizze aus. Die Wegführung ist gut ausgeschildert und zusammen mit dem Plan im Flyer leicht zu finden. Wir folgen zunächst der Beschilderung bis zum Ortsausgang. Dort steht die Station 1: „Der zerrissene Vorhang". Eindrücklich zeigt der Künstler das Geschehen zum Zeitpunkt des Todes von Jesus: Das Kreuz wird zerbrochen. Im durchscheinenden Licht deutet sich bereits die Auferstehung Jesu an. Der Vorhang zerreißt – der Zugang zu Gott ist ein für alle Mal offen. Unter dem Bild steht die entsprechende Bibelstelle, daneben eine Auslegung. Wir folgen der Wegführung, immer auf asphaltierten Verbindungswegen, und genießen den Blick auf die weite Landschaft mit vielfältigen Feldern. Die Stationen liegen am Wegrand zwischen den drei Orten und auch in den Ortschaften selbst. Wir finden zentrale Bibelstellen zur Auferstehung: Begegnungen mit Maria Magdalena, den Jüngern, dem „ungläubigen" Thomas, den Emmaus-Jüngern; Pfingsten ist ein Thema; eine Heilungsgeschichte von Petrus und der Sendungsauftrag von Jesus an die Jünger wird dargestellt. Einige Plätze der Stationen sind inhaltlich passend mit den jeweiligen Bibelstellen abgestimmt: Der Sendungsauftrag, der an einem Berg erteilt wurde, steht an einer Stelle mit Blick auf die beiden sogenannten „Gleichberge", die aus dem ansonsten relativ ebenen, leicht welligen Gelände hervorragen.

Pfingsten wird dargestellt an einer Brücke über einen Bach, der die ehemalige deutsch-deutsche Grenze markierte: Sinnbild für die friedliche Überwindung von scheinbar unüberwindbaren Grenzen. Die Begegnung am See Genezareth mit den Fischern beziehungsweise Aposteln wurde an den Badesee von Irmelshausen gesetzt. Bei den Auslegungen wendet sich der Text oft direkt an den Besucher. So lesen wir bei Station 3, als der auferstandene Jesus den Jüngern erscheint: „Wenn es stimmt, dass Jesus in unser Leben kommt und Frieden bringt, welche Lebensmöglichkeiten ermöglichen sich uns! Friede sei mit uns!" Der ganze Weg strahlt diese Botschaft aus: Ein neuer Weg beginnt, den Gott mit uns gehen möchte.

Der Auferstehungsweg endet mit der letzten Station wieder an der Kirche in Irmelshausen. Hier können wir ihn nach einer geistlichen Einkehr in „St. Jakobus" gleich neben der Kirche mit einer kulinarischen Stärkung im Gasthaus „Zur Linde" abschließen.

Impuls: Welche Bilder, welche Gedanken haben mich besonders bewegt? Warum?

Gebet

Manche Menschen sagen: Gott ist tot. Er aber sagte einmal: „Ich bin bei euch alle Tage!" Er sagte auch: „Siehe, ich mache alles neu!"
So darf ich damit rechnen, dass er da ist und meine Wege im Leben mitgeht, auch Umwege, Sackgassen und Neuanfänge. Amen.

Tipps:

→ **Faltblätter** liegen in den am Weg befindlichen Kirchen aus (bis 17 Uhr geöffnet) → **Einkehrmöglichkeiten:** „Zur Linde" in Irmelshausen; im Sommer am Badesee-Kiosk → Vermittlung von **Führungen** über das Ev. Pfarramt Irmelshausen (s. Link)

Ausgangspunkt: St. Jakobuskirche in Irmelshausen (Parkplatz); ÖPNV: per Bus von Bad Königshofen oder von Bad Neustadt/Saale erreichbar (ca. 30 Min.); Rundweg
Weglänge/-dauer: 8 km/ca. 3 Std.
Beschaffenheit: weitgehend eben, asphaltiert; bis auf ein Stück Wiese am Badeweiher barrierefrei; immer wieder Ruhebänke, teils mit Tischgruppen; auch gut mit Fahrrad zu befahren
Informationen: hoechheim-evangelisch.de (toller Videoclip!)

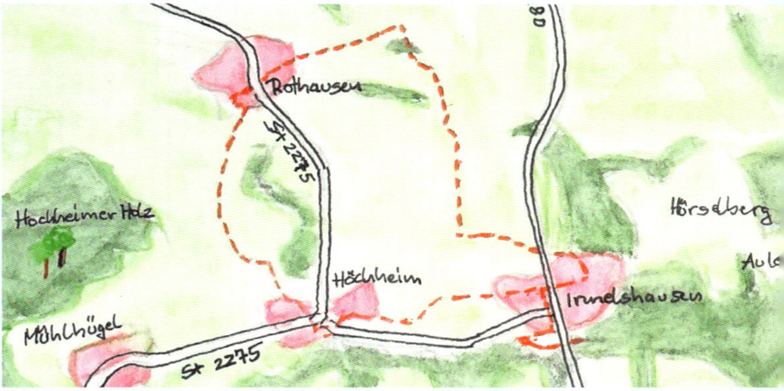

Besondere Stühle als Innehalt-Plätze zum Nachdenken und Entspannen

Weg der Seelenstühle

Großeibstadt

6

Seit August 2021 stehen verschiedenartige Stühle an 13 Stationen in und um den Ort Großeibstadt. Sie heißen Stuhl des Glücks, Stuhl des Herzens oder Stuhl der Leichtigkeit und wollen die Besucher zum Staunen, zum Nachdenken, aber auch zum Lachen bringen. „Die Idee kam mir mit einem Gedankenblitz im Corona-Lockdown, um den Menschen Mut zu machen“, meint Ramona Mauer, die Initiatorin des Wegs. Mit viel Liebe und Kreativität wurde dieser Themenweg von vielen Menschen aus Groß- und Kleineibstadt gestaltet. „Seelenstühle“ wurde er genannt, weil der Mensch immer wieder Kraft für seine Seele schöpfen muss und er dies hier tun kann. Der Weg verläuft im Tal der jungen fränkischen Saale durch den Ort selbst und in die umliegenden Felder. Keine Station gleicht der anderen. Gemeinsam ist jedoch allen: Neben jedem Stuhl ist ein Meditationstext zum Thema angebracht: Geschichten, Gedichte, Liedstrophen – allerlei Textsorten sind vertreten. Jeder Stuhl ist auf einem Holzpodest fixiert. Man steigt hinauf – wie auf einen Königsthron. Bequem auf dem Stuhl sitzend kann der Besucher nun die Pause genießen. Alle Sinne sind angesprochen.
Die Kreativität der Gestalter bringt die Besucher zum Staunen. So wurde aus Autoreifen ein „Stuhl der Entspannung“ gefertigt. So seltsam er auch aussieht, wenn man sich hineinsetzt, wird man federnd und weich aufgefangen – himmlisch!

Der Weg ist auch gut für Familien geeignet, hat man sich doch auch etwas Besonderes für Kinder ausgedacht: An jedem Stuhl ist ein kleiner Käfer versteckt angebracht, den die Kinder suchen können. In Teilen ist der Weg auch barrierefrei.

Der Weg

Vom Startpunkt an verläuft der Weg leicht aufwärts, parallel zum Kreuzweg. Nach kurzer Strecke erwartet uns Station 1: „Stuhl des Glücks". Zwei Stühle stehen auf dem Podest, bunt

angemalt, mit Sprüchen zum Glück dekoriert. In einem Kasten liegen Karten bereit, auf denen man Glücks-Zitate und Aussprüche lesen kann. Außerdem liegt ein Buch darin, in das man eigene Gedanken zum Glück hineinschreiben beziehungsweise die Gedanken anderer Besucher lesen kann. Solche „Aktions-Kästen" finden wir noch einige Male. Wir folgen der Beschilderung, kommen zu Station 2: „Stuhl des Loslassens". Die Art des Stuhls bringt uns zum Schmunzeln – es ist ein Nachtstuhl! Daneben aber ein durchaus nachdenklicher Text zum Thema. Humor und Ernsthaftigkeit zusammen – das ist hier gelungen.

Der Weg geht nun zum Dorf zurück. Gleich nach dem Ortseingang müssen wir nach rechts unten abbiegen (Orientierung an der Skizze). Wir kommen zu einer Verbindungsstraße, stoßen wieder auf die Markierung, der wir nun konstant folgen können. Der Weg führt an Stationen vorbei auf einem Radweg an der Saale entlang, dann zum Dorfweiher, am Fußballplatz vorbei leicht aufwärts in die Felder.

Die Stationen sind nun gut zu erkennen. Am „Stuhl der Weite“ – einem überdimensional großen Stuhl – haben wir einen schönen Blick auf das Dorf und das Saaletal. Im Bogen führt der Weg Richtung Dorf zurück. Wieder auf dem Radweg an der Saale angekommen, lädt der „Stuhl der Einkehr“ zu einer kulinarischen Stärkung ein: Es lockt das „Café Anstalt“, direkt neben dem Weg. Besonders liebevoll und kreativ ist diese Station hergerichtet – ein Hingucker! Der Weg führt nun ins Dorf zurück, den Berg hinauf zur Kirche. Gleich daneben finden wir die letzte Station: „Stuhl der Begegnung“ – ein Doppelsitz – vielleicht aus einem alten Bus oder Zug. Der Meditationstext im Flyer dazu lautet: „Begegnungen sind wahre Schätze. Sie können lang oder kurz, flüchtig oder für immer sein! ... Wie möchtest du Dir selbst und Deinem Gegenüber begegnen?“ Von da aus sind es nur wenige Minuten, bis wir am Zielpunkt dieses Wegs angekommen sind, einem Weg voller guter Gedanken, Überraschungen und heiteren Momenten.

Impuls: Gibt es einen Stuhl, der mich besonders beeindruckt hat? Habe ich einen bestimmten Stuhl vermisst?

Gebet

Guter Gott, mit viel Liebe und Kreativität ist dieser Weg für mich gerichtet worden. Danke für die Gedankenimpulse, für die kreativen Ideen, für die Momente, die mich zum Lächeln gebracht haben. Amen.

Tipps:

→ Ein **Flyer** mit Wegskizze und Impulsen zu den Themen liegt am Startpunkt bereit; auch zum Herunterladen auf der Webseite der Gemeinde Großeibstadt (s. unten) → **Einkehr** am Mittwoch, Freitag und Sonntag im „Café Anstalt" direkt am Weg (15–20 Uhr von Mai bis Ende Oktober geöffnet); Metzgerei und Bäckerei; Pizzeria: Mittwoch bis Samstag ab 17 Uhr, Sonn- und Feiertage ab Mittag geöffnet; → **Nicht ganzjährig begehbar!** Über den Winter (ab November) werden die Stühle witterungsgeschützt eingelagert.

Ausgangspunkt: Großeibstadt; Start an der B 279 Kreuzbergstraße/Ecke Raiffeisenstraße; Parken dort möglich; ÖPNV: ab ZOB Bad Königshofen regelmäßige Busverbindungen (Dauer: 5 Min.)
Weglänge/-dauer: 5,8 km/1,5–2 Std.
Beschaffenheit: asphaltiert, Feldwege; geringe Steigungen; die Stationen 1, 3, 5, 6, 11, 12, 13 sind barrierefrei zugänglich
Informationen: grosseibstadt.rhoen-saale.net/fileServer/LKRG/1009/11040/Stuhlflyer_-_final.pdf (Flyer)

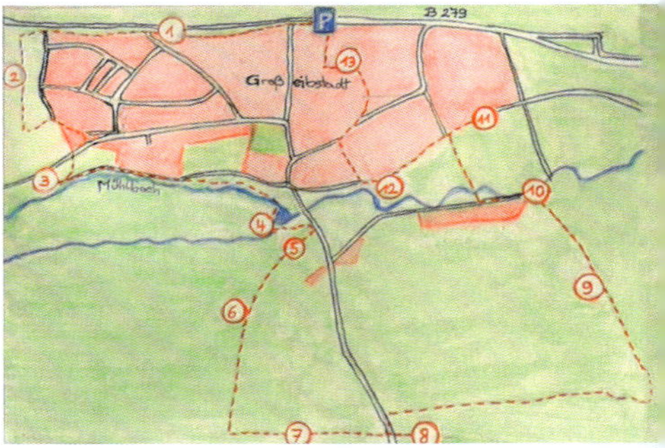

Spaziergang am Waldrand entlang, vorbei an zwölf Kunstwerken

Weg der Besinnung

Bad Kissingen

7

Der Weg der Besinnung ist zu einem Highlight in Bad Kissingen geworden – so lautet die Auskunft in der Touristinformation. Er wurde im Jahr 2006 als gemeinsames Projekt der Stadt und der ökumenischen Kurseelsorge geplant und zusammen mit dem regionalen Künstler Helmut Droll gestaltet. Er will zum Nachdenken anregen über Themen des Lebens, wie zum Beispiel „Geborgenheit", „Balance", „Narben". Dabei bieten die Kunstwerke keine fertigen Lösungen, sondern regen dazu an, Fragen zu stellen und nach Antworten zu suchen.

Der Weg ist von der Länge und Beschaffenheit so angelegt, dass ihn auch nicht ganz so fitte Besucher gut gehen können.

Der Weg

Am Parkplatz folgen wir dem Hinweisschild „Weg der Besinnung“. Wir gehen – jetzt schon im Wald – eine kurze Strecke aufwärts bis zu einem größeren Informationsschild. Wir betreten einen breiten, nahezu ebenen Waldweg. Eine Markierung ist nicht vorhanden und auch unnötig, man folgt diesem Hauptweg. In Abständen begegnen uns dann die Kunstwerke und Texte. Gleich am Anfang stehen sich zwei große Spiegel gegenüber. Je nach Position kann man sich oder die Umgebung doppelt sehen. Vor dem Kunstwerk steht der Name des Objekts: „Spiegelbilder“. Wir überlegen – welchen Bezug hat es zu mir? Vielleicht: „Wie sehe ich mich, wie die anderen?“ Erst nach etwa 30 Metern steht ein Schild mit einem Textimpuls, der zum Spiegelbild gehört: „Wer bin ich? Gestern ein anderer als heute und morgen? Wer will ich sein?“ Darunter steht ein Zitat aus der Bibel: „Was ist der Mensch, dass du an ihn denkst?“ Eine geschickte Anordnung – so machen wir uns erst einmal selbst Gedanken zum Kunstwerk, um dann noch Anregungen zu bekommen. Es folgen weitere Kunstwerke mit den Themen „Sicher“, „Kern“, „Balance“. Der Künstler benutzt für die verschiedenartigen Kunstwerke besonders zwei Materialien. Er nimmt Holz, in Form von Naturholzstücken, aber auch bearbeitete Teile und kombiniert diese mit dem sehr gegensätzlichen Material Stahl. Bei den immer geradlinig, jedoch abgerundeten Metallobjekten sticht besonders oft die Kugelform heraus. Sie steht für das Ziel, das Ewige, Ideale.

Besonders beeindruckend ist die nächste Station: „Ausblick". Aus einer Stahlplatte in Kreuzform ist eine Figur mit ausgebreiteten Händen als Lücke herausgeschnitten – Christus! Sie steht am Waldrand. Wenn wir durch sie hindurchsehen, haben wir einen weiten Blick auf Bad Kissingen im Hintergrund. Auf dem Schild später lesen wir: „Durch ihn die Welt sehen. Die richtige Perspektive haben. Um durch-zu-blicken. Um mehr zu sehen." Und dann das Zitat aus der Bibel: „Jesus sagt: Wer an mich glaubt, wird leben." Wortwörtlich genommen – durch ihn die Welt sehen – das ist dem Künstler hier perfekt gelungen! Es folgen weitere Kunststationen, keine gleicht der anderen: „Narben", „Mauern", „Geborgen" sind ihre Titel. Alle setzen beim Betrachter Gedankenspiele in Gang, die die meditativen Texte noch ergänzen. Manche Fragen bleiben stehen, finden keine Antwort. Doch so ist es beabsichtigt, wir müssen keine Lösungen finden, dürfen aber Fragen stellen und nachdenken über Gott, die Welt und uns selbst.
Nach der Station 12 gehen wir den gleichen Weg zurück, diesmal mit einer anderen Perspektive auf die Objekte.

Impuls: Wer bin ich? Wohin gehe ich? Worin besteht der Sinn meines Lebens?

Gebet

Ich schaue in die Spiegel: So sehen mich auch die anderen.
Ich schaue tiefer und erkenne meine Ecken und Kanten, meine Schattenseiten.
Aber Du, Vater, nimmst mich an wie ich bin.
Deine Liebe hüllt mich ein – macht mich geborgen.
Selbst meine Mängel kannst Du, guter Gott, in Dein Wirken mit einbeziehen.
Ich freue mich – und ich danke Dir! Amen.

Tipps:
→ **Öffentliche Führungen** monatlich von Mai bis September durch die Kurseelsorge (s. u.); auch Führungen für private Gruppen möglich → **Bad Kissingen** hat als altes Staatsbad (und seit 2021 Weltkulturerbe!) viel Sehenswertes zu bieten.

Ausgangspunkt: Parkplatz am Heiligenhof, Endpunkt: im Stadtteil Garitz (Streckenwanderung! Entweder gleicher Rückweg oder als Rundweg auf einem geringfügig längeren Weg etwas oberhalb des Besinnungswegs); ÖPNV: Busverbindung ab/bis Bahnhof – mit Gehzeiten zwischen 10 und 20 Min. zum Anfangs-/Endpunkt
Weglänge/-dauer: ca. 2 km/gemütlich 1 Stunde plus Rückweg
Beschaffenheit: kurzer, etwas steiler Anstieg vom Parkplatz, dann nahezu ebener Weg im Wald; in Abständen Sitzbänke; fester Untergrund, streckenweise etwas steinig, für Rollstuhl oder Rollator bedingt barrierefrei
Informationen:
→ Führungen: Ev. Pfarramt, Telefon 0971/27 47 oder bei Gemeindereferentin Ursula Summa, Telefon 0971/78 57 02 93 und: Kath. Kurseelsorge: 0971/82 46 93 13
→ www.badkissingen-evangelisch.de/weg-der-besinnung
→ www.badkissingen-erleben.de/freizeit/weg-der-besinnung

Auf einem Weg mit Andachtsorten zur Passion Jesu

Passionswege

Sömmersdorf

8

In Sömmersdorf ist die Passion allgegenwärtig. Seit 1933 wirken mehr als die Hälfte der Bürger des 700-Seelen-Dorfes bei dieser fränkischen Passion mit. Um Orte zu schaffen, an denen Nachdenken, Andacht und Gebet über die Passion ganzjährig möglich wird, wurden in den vergangenen Jahren der „Passionsgarten“ und zwei Passionswege geschaffen. Die Wege führen hinaus in die umgebenden Fluren und bieten verschiedene „Innehalt-Punkte“. Jeder Station ist eine Impulsfrage zugeordnet, die sich direkt an die Besucher wendet. „Wem kannst du Trost spenden? – Wer denkt an Dich? – Vertraust Du auf das, was kommt?“ – existenzielle Fragen, die eine Brücke schlagen von der Passion Jesu zum eigenen Lebensweg. Weg 1 ist eine abgekürzte Variante des Wegs 2.

Der Weg

Nach einem Besuch der schönen Johanneskirche orientieren wir uns am Hinweisschild vor der Kirche, wählen die Richtung „Weg 1, 2“ und gehen die Straße hinunter, die Raiffeisenstraße entlang. Danach treffen wir auf die erste Station: Der Kreuzträger. Wir folgen dem Wegweiser und finden die zweite Station, einen alten Bildstock mit Jesus am Kreuz – schon etwas außerhalb des Dorfs. Kurz danach biegt der Weg leicht aufwärts durch Wiesen und Felder ab. Noch weiter außerhalb des Ortes wartet die nächste Station auf uns: Unter mächtigen Kastanien bezeugt ein historischer Passions-Bildstock eine jahrhundertealte Glaubenskultur. Wir laufen weiter Richtung „Passionstor“ – und erkennen es schon von weitem. Eine Vierer-Gruppe von Muschelkalk-Quadern mit einem Durchgang steht kurz vor dem Wald auf freier Fläche. Vom Wald her verläuft ein Weg aus Steinplatten mit eingemeißelten Sätzen durch die Felsgruppe. „Wer ist das? Bin ich es? Hilf dir selbst! Was suchst du?“ Es sind Fragen, die sich sowohl auf die Passion als auch auf uns beziehen. Wir stehen vor der Enge des Durchgangs und lesen: „Mein Gott, warum hast du mich verlassen?“ Beim genauen Hinsehen erkennen wir, dass sich die beiden Steinquader über uns nicht ganz berühren. Ein schmaler Spalt ist sichtbar – Zeichen der Hoffnung? Langsam durchschreiten wir das Tor, spüren die Wände rechts und links, die Steine über uns, wir streifen die Felswände, fühlen sie. Dann treten wir hinaus – ins Helle, Freie: Vor uns ein Blick auf die weite Landschaft und die umliegenden Ortschaften. Unter unseren Füßen nun die Platte mit der Aufschrift: „Er ist nicht hier, er ist auferstanden!“ Auferstehung – wir haben sie hier ein Stück weit fühlen, erfahren dürfen!

Wir verweilen noch ein wenig an diesem eindrücklichen „Innehalt-Punkt“, dann folgen wir der Beschilderung und laufen zurück Richtung Ort.
Am Dorfrand biegen wir links in den Weg 2 ein. Jetzt geht es hinaus „in die Natur“. Nach einem kurzen Stück entlang der B 303 biegen wir in ein Wäldchen ab und finden hier – als nächste Station – einen über 400 Jahre alten, schon deutlich verwitterten Bildstock, wieder mit Impuls-Schild. Wir laufen dann neben einem Bach vom Dorf weg. Es ist ein entspannender Weg – entlang Kleingärten, Teichanlagen, Pferdekoppeln und Feldern. Wir folgen immer den Schildern, gelangen zu einem Holzkreuz am Wald – einer weiteren Station –, passieren einige Felder. Nun durchqueren wir einen herrlichen Laubwald, das „Münsterholz“. Wieder am Dorfrand angekommen stehen wir unvermittelt vor der Freilichtbühne des Passionstheaters – einem beachtlich großen Bau. Wir gehen hinunter ins Dorf, erreichen den Passionsgarten: Mehrere großformatige Schilder informieren über die Geschichte der Sömmersdorfer Passionsspiele. Wir laufen Richtung Kirche weiter. Kurz vor unserem Ziel erreichen wir die „Passionsgalerie“, in der man kostenlos zu bestimmten Öffnungszeiten einen Eindruck über die vergangenen Passionsspiele von Sömmersdorf erhalten kann. Dann dürfen wir unseren Weg am Zielort – in St. Johannes – beschließen.

Impuls: Welche Frage/Erfahrung hat mich besonders berührt?

Gebet

Im Durchschreiten des Passionstors habe ich eine besondere Erfahrung gemacht.
Guter Gott, Du streckst Deine Hand aus, um mich aus der Enge heraus in die Weite zu führen: Aus der Enge der Finsternis ins Helle, aus der Enge der Angst in die Zuversicht, aus der Enge der Bedrückung in die Freude und Freiheit. Bitte erinnere mich an diese ausgestreckte Hand und lass sie mich hin und wieder – immer wieder neu – ergreifen! Amen.

Tipps:

→ **Führungen** ab 6 Personen unter: gemeinde@euerbach.de, Tel. 09726/91550 → **Besichtigung der Passionsgalerie:** April bis Oktober 1. Sonntag im Monat, 14–17 Uhr → **Einkehr** im Dorf in der Gastwirtschaft möglich; weitere Möglichkeiten in Euerbach (3 km) → Besuch des **Bibelgartens** in Euerbach

Ausgangspunkt: Kirche St. Johannes im „Kirchberg"; Parken vor der Kirche und in Nebenstraßen möglich; ÖPNV: ca. alle halbe Stunde mit Bus vom Hbf. Schweinfurt
Weglänge/-dauer: gesamt ca. 6 km/2–3 Std.; Weg 1: 2,7 km/1–1,5 Std.
Beschaffenheit: Weg 1 relativ eben; Weg 2 mit kleineren Anstiegen; asphaltiert, teilweise unbefestigte Feld- und Wiesenwege; Ruhebänke bei den Stationen; nicht barrierefrei
Informationen:
→ www.passionsspiele-soemmersdorf.de (Informationen/Wissenswertes)
→ Flyer: www.euerbach.de (Kultur u. Freizeit/Wandern u. Radfahren)

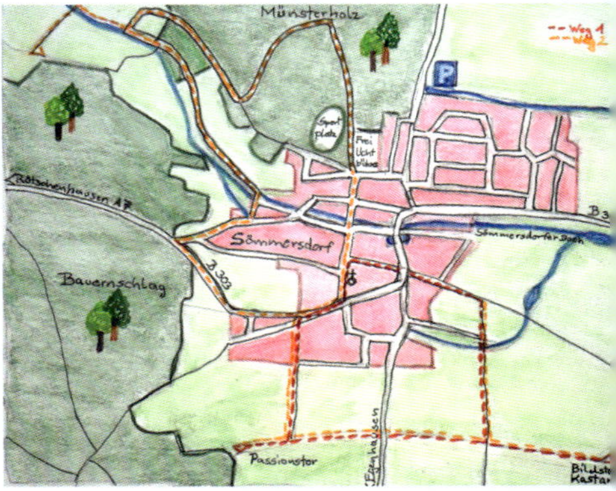

Moderner Kreuzweg mit ausdrucksstarken Sandstein-Stationen

Kreuzweg

Breitbrunn

9

Ja, den Weg geh'n viel' Leut', wenn's Wetter passt!", erzählt der freundliche alte Herr, der auf der Bank neben der Marienkapelle sitzt. „Und wir ha'm alle mit angepackt!"
Tatsächlich hat das ganze Dorf bei der Gestaltung des Kreuzwegs mitgemacht, als 2009 Gertrud Bühl, die Bürgermeisterin von Breitbrunn, den Anstoß für dieses Projekt gab. Im Mai 2011 erfolgte die Einweihung. Eingebettet in der idyllischen Landschaft am Rand des Naturparks Hassberge lädt dieser Kreuzweg aus heimischem Sandstein den Besucher dazu ein, den Leidensweg Jesu mitzugehen – und vielleicht auch den eigenen Tiefpunkten im Leben nachzuspüren.
Die Figuren und Szenen hat die Schweinfurter Künstlerin Steff Bauer aus bruchrauen Findlingen der umliegenden Steinbrüche herausgearbeitet. Die wirklichkeitsnahe Darstellung ist sehr berührend, man fühlt sich mitten in das Geschehen hineinversetzt. Die vielfältigen Gefühle der Figuren – Angst, Trauer, Spott, Stolz, ... – springen den Betrachter geradezu an. Manchmal veränderte die Künstlerin die realen Größenverhältnisse, um eine Aussage besonders zu betonen. Das macht das Anschauen und Interpretieren einer Szene für die Besucher spannend. Der Weg wurde sehr bewusst mit einer Bepflanzung versehen, die die jeweilige Bildaussage noch unterstreicht.

In der Passionszeit bietet man parallel dazu einen Kinder- und Jugendkreuzweg an. Hier sind zusätzliche Schilder neben den Stationen aufgestellt mit „Aufgaben“ für Aktionen. Bei der Station „Jesus fällt zum ersten Mal“ liegen zum Beispiel verschieden große Steine am Boden. Die jugendlichen Besucher sollen sie nacheinander hochheben, das Gewicht der Steine spüren und damit das Gewicht des Kreuzes erahnen. Die Frage dazu lautet: Was drückt dich? Kennst du Personen, die auch gedrückt werden/bedrückt sind? Eine tolle Idee, den Kreuzweg auch für jüngere Besucher interessant und nachvollziehbar zu gestalten!

Der Weg

Schon die erste Station nimmt den Besucher gefangen. Jesus steht vor Pilatus. Ein auffälliger Gegensatz: Links der große, königlich wirkende Jesus und gegenüber – zwar erhöht, aber klein, kindlich – Pilatus, der sich sichtlich windet, Verantwortung für das Geschehen zu übernehmen. Eine bewegende Darstellung und Interpretation! Auf einem kleinen Sandstein vor den Figuren ist eine Metallplatte eingelassen. Hier steht die Nummer der Station und der Titel: Station 1 – Jesus wird von Pilatus verurteilt.

Wir laufen die zunächst asphaltierte Straße weiter, sie führt allmählich leicht ansteigend vom Dorf weg. In kurzen Abständen folgen die weiteren Stationen. Bei jeder lädt eine Ruhebank dazu ein, die Szene in Ruhe – sitzend – zu betrachten oder die Eindrücke noch ein wenig auf sich wirken zu lassen. Der Weg führt durch eine offene Flur – mit Weitblick auf Felder und Wälder – und eine Weile an einer Dornenhecke entlang. Jede Station ist liebevoll

mit Pflanzen, Büschen oder Bäumen gestaltet. So steht die Station 3 mitten in einem kleinen Teich: Jesus muss sein Kreuz ganz allein tragen, ist verlassen von allen – das soll diese unzugängliche Position im Wasser herausstellen.
Ganz dramatisch wirkt die Station 11. Während wir bei allen anderen Stationen in Augenhöhe mit den Figuren sind, blicken wir hier von oben wie in einem Amphitheater in eine Arena hinunter – unten liegt Jesus, der auf das Kreuz genagelt wird. Die Künstlerin will erreichen, dass wir uns als Zuschauer des Geschehens fühlen.
Der Weg endet an der Marienkapelle. Das ist auch sein „Höhe-Punkt". Wir genießen den Blick auf das Dorf, das sich in ein Wellental der sanften Landschaft hineinschmiegt. Hier wenden wir uns nach rechts bergab, laufen auf der asphaltierten Straße auf das Dorf zu, wo wir bald wieder auf den Anfang unseres Wegs stoßen.

Impuls: Welche Szenen/Figuren haben mich besonders berührt? Wo gibt/gab es in meinem Leben Tiefpunkte? Wo gibt/gab es Situationen, als ich Liebe und Hilfe erfahren habe?

Gebet

Guter Gott, auch in den Tiefpunkten meines Lebens verlässt Du mich nicht. Ich kann mich immer an Dich wenden. Du bist da! Segne bitte mein Leben in den hellen und auch in den dunklen Stunden. Amen.

Tipps:

→ **Faltblätter** zum Weg liegen am Wegbeginn an der Seite des Steinquaders aus (Schublade öffnen!) → **Führungen:** Kilian und Mechtilde Zettelmeier: 09536/277 → **Einkehr:** „Gasthof Andres" (im Nachbarort Kirchlauter)

Ausgangspunkt: Anfahrt auf der A 70, Ausfahrt Eltmann; im Ort Breitbrunn ausgeschildert; Parken direkt am Kreuzweg;
ÖPNV: mit Zug und Bus ab Bamberg erreichbar (ca. 1 Std.)
Weglänge/-dauer: 1,3 km/1–1,5 Std.
Beschaffenheit: für alle Altersgruppen geeignet; asphaltiert und fester Feldweg; barrierefrei; Ruhebank an jeder Station
Informationen: → Download Weg- und Stationenbeschreibung: www.kreuzweg-breitbrunn.de → guter Videoclip: wallfahrt.bistum-wuerzburg.de/wege

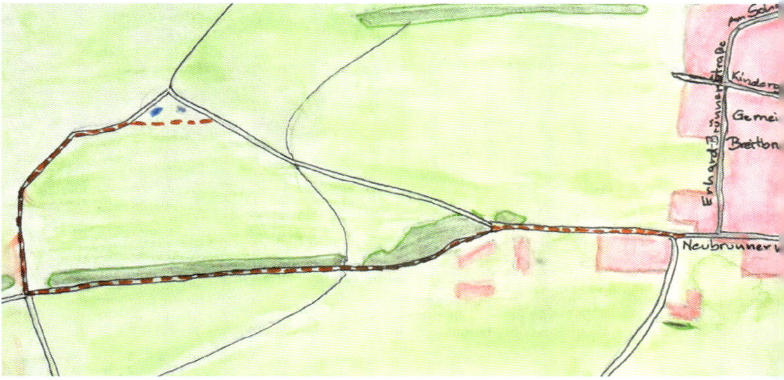

Acht Tierlegenden des hl. Franziskus als Inspiration für einen achtsamen Umgang mit der Schöpfung und sich selbst

Franziskusweg

Handthal

10

Handthal ist der grüne Fingerabdruck Gottes. Es ist, als wenn der liebe Gott seinen Daumen in die Landschaft gedrückt hätte", sagt Pfarrer Mai. Seit 2008 leitet er die Pfarreiengemeinschaft „Sankt Franziskus am Steigerwald", zu der auch Handthal gehört. „Die Gegend war Franziskus schon immer sehr verbunden", erklärt Mai. Bis 1805 stand am Berg ein Franziskanerkloster, bevor die Ordensleute nach Dettelbach zogen.
Eingebettet in die schöne Waldlandschaft unweit des Ortes entstand erst im Jahr 2020 ein abwechslungsreicher meditativer Wanderweg zum Thema „Franziskus von Assisi und die Tiere". Die erste von acht Stelen zeigt den heiligen Franziskus, der vor einem Vogel niederkniet. Sie bringt die Grundhaltung zum Ausdruck: Franziskus kniet vor der Natur! Neben der Übersetzung der Legenden in „heutiges Deutsch" fand Pfarrer Mai Überschriften, die eine Übertragung auf das eigene Leben und die Beziehung zwischen Mensch und Natur ermöglichen. Sie sollen den Besucher inspirieren und zum Nachdenken anregen. Der Weg lädt ein, sich in Ruhe damit zu beschäftigen.

Der Weg

Wir folgen dem Weg vom Parkplatz kommend nach rechts, gehen leicht bergauf. Bald sehen wir das Steigerwald-Zentrum vor uns liegen, direkt am Weg. Hier finden wir die erste Stele mit dem hl. Franziskus und der Lerche. Ein Text erklärt uns mehr über unseren Weg. Auf einer Stahlplatte mit Rostpatina ist der Name Franziskusweg senkrecht durchgestanzt. Wir laufen am Steigerwald-Zentrum vorbei, sehen gleich schon die nächste Station: Bienen. Auf der Stele finden wir die Überschrift, darunter die Tier-Legende und das Bild von Bienen. Daneben steht ein großes, begehbares Bienenhaus in Wabenform, in dem man hinter Glas die Bienen in ihrem Stock arbeiten sehen kann. Unser Weg zieht sich immer noch leicht bergan, wir kommen zum Waldrand. Hier ändert sich der Weg, ist nicht mehr asphaltiert und wird zu einem relativ ebenen Waldweg. Einige Stellen, an denen der Untergrund recht glitschig ist, wurden mit Holzbohlen überbrückt. Wir passieren eine Station nach der anderen. Während sich die Tier-Geschichten ganz auf den hl. Franziskus beziehen, wählte man Überschriften, die eine Brücke zum Alltag des Besuchers sein können: „Durch ein Übermaß an Güte verblüffen; Manchmal ist richtig, was nicht in meinen Plan passt; Wir leben von dem, an dem sich unser Herz erfreut; Alles hat seine Zeit, ..." Hin und wieder gibt es für Kinder zusätzlich eine „Erlebnisstation", zum Beispiel neben der Station der Grille eine Art „Hörrohr", mit dem man die Grillen auf der nahen Wiese besser hören kann. Am Waldrand bei der „Falken"-Stele steht eine Bank in herrlicher Lage: Eine kurze Rast belohnt uns mit einem schönen Blick auf den Ort und Frankens höchsten Weinberg, den Stoll-

berg. Dieser markant geformte Berg wird von der Ruine der Stollburg bewacht und soll selbst einen grandiosen Ausblick bieten. Unser Weg führt weiter am Waldrand entlang. Bald können wir die ersten Häuser von Handthal erkennen. Am Ende unseres Wegs erwartet uns die Magdalenenkapelle, aus Steinen des nicht weit entfernten, zerfallenen Franziskanerklosters erbaut. In diesem schönen Kirchlein können wir unseren Franziskusweg abschließen. Gleich zwei herrliche Plätze laden zum Ausklang unseres Ausflugs zur kulinarischen Einkehr ein: der „Forellenhof" mit Blick auf ein Damwildgehege oder der „Brunnenhof" mit einem heimeligen, nostalgischen Biergarten.

Impuls: Welchen Gedanken kann ich in meinen Alltag mit hineinnehmen?

Gebet

Die Elemente der Schöpfung, Sonne, Erde, Wasser und auch die Tiere – Franziskus nannte sie Bruder und Schwester. Guter Gott, lass mich in meinem Alltag immer wieder daran denken und hilf mir, achtsam und verantwortlich mit unserer wunderbaren Schöpfung umzugehen, und auch mit mir selbst. Amen.

Tipps:

→ **Führungen** mit bis zu 25 Personen können gebucht werden (s. Info unten) → Ein **Flyer** liegt im Steigerwald-Zentrum bereit → **Für Kinder:** Erlebnisspielplatz am Steigerwald-Zentrum; mehrere Erlebnis-Stationen auf dem Weg; Spielplatz im Ort; Damwildgehege beim „Forellenhof“ → **Sitz- und Ruhemöglichkeiten** am Zentrum und immer wieder unterwegs → Tolle **Möglichkeiten zur Einkehr** im Ort; Handthal ist einer von 100 „Genuss-Orten“ Bayerns!

Ausgangspunkt: PKW: Parkplatz des Steigerwald-Zentrums; ÖPNV: Bushaltestelle neben der Magdalenenkapelle (Bus ab Bahnhof Gerolzhofen ca. ½ Std.);
Weglänge/-dauer: 2 km/1–1,5 Std.
Beschaffenheit: asphaltiert, geschottert, Waldpfad; für alle Altersgruppen, besonders auch für Familien mit Kindern geeignet (kinderwagentauglich); zu Beginn moderate Steigung
Informationen:
steigerwald-zentrum.de (hier: Führungen telefonisch vereinbaren)
Flyer: pg-st-franziskus.de/images/Flyer_Franziskusweg_Handthal.pdf

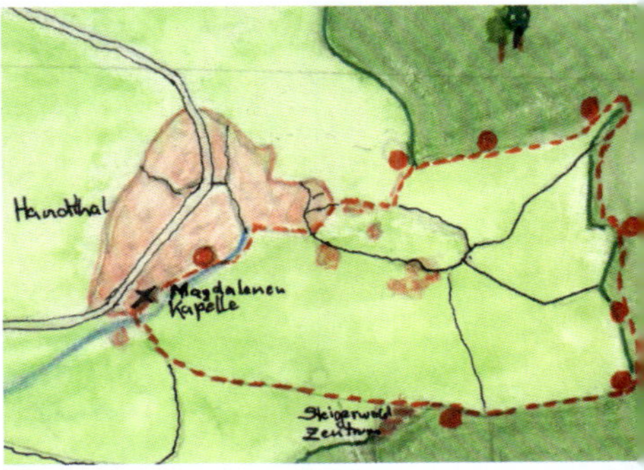

Begegnung mit dem Glaubensleben
des hl. Augustinus

Augustinusweg

Messelhausen

11

Bis 2013 lebten Augustinermönche in dem kleinen Ort bei Königshofen/Lauda. Als das Kloster geschlossen werden sollte, hatte der Prior des Klosters, Pater Christoph, die Idee zu diesem Besinnungsweg. Er wollte den Menschen die Spiritualität des hl. Augustinus weiterhin zugänglich machen, das Feuer des Glaubens in ihnen entzünden. Mit Hilfe von Auszügen der „Confessiones", einer Art Biografie, kann sich der Besucher auf eine Spurensuche durch das Leben des Heiligen begeben. Kunstwerke verschiedener Künstler regen noch intensiver zum Nachdenken über verschiedene Themen wie zum Beispiel „Ausbrechen" oder „Mutter und Geliebte" an.
Dem ersten „schwarzen" Weg, der hier beschrieben wird, folgten kurz darauf drei weitere Wege, die jeweils andere Teilaspekte des Lebens von Augustinus zum Thema haben (mit fünf, neun und 19,5 Kilometer Länge). Alle Wege sind mit dem flammenden Herz des Augustinus gekennzeichnet, mit Richtungspfeilen in der jeweiligen Farbe.

Der Weg

Unser Weg beginnt an der Pfarrkirche in Messelhausen. Vor der Kirche steht ein großes Schild mit vielfältigen Informationen über den Weg. In der Kirche finden wir am rechten Seitenaltar die erste der 19 Stationen: „Aufbrechen". Der Altar zeigt die Aussendung der Apostel aus Jerusalem – eine wunderbare, filigrane Steinmetzarbeit. Auf dem Tisch daneben liegen Flyer mit der Wegbeschreibung und ein Begleitheft. Wir treten aus der Kirche, laufen auf der linken Seite um diese herum und gehen hinter dem Gebäude durch eine Gartentür, die sich zum Wald hin öffnet. Hier orientieren wir uns nun an den Wegweisern mit flammendem Herz und schwarzem Richtungspfeil.

Die nächste Station ist der Kindheit des Augustinus gewidmet. „In seiner Hand" lautet das Thema. Der Besucher wird aufgefordert, seinen Namen in die große Holzskulptur – eine geöffnete Hand – mit dem Finger hineinzuschreiben. Ein schöner Gedanke! Im Begleitheft erfahren wir mehr über seine Eltern, seine Erziehung. Der Weg führt aus dem Wald hinaus, geht dann ein kurzes Stück an der Straße entlang, bis er in die weiten fruchtbaren Fluren um den Ort führt. Wir durchqueren großflächige Getreidefelder. Dabei können wir Habichte rufen hören und Bussarde kreisen sehen. Immer wieder kommen wir an den Schildern mit den „Confessiones" vorbei, können mit Hilfe des Begleithefts den Heiligen noch näher kennenlernen. Die Station „Ausbrechen" wird durch ein beeindruckendes Kunstwerk bereichert: Eine Figur ist aus einem Rechteck herausgesägt. Sie ist beweglich: Man kann durch Drehen die Figur einmal mehr der Lücke anpassen oder sie

wegdrehen, eben „ausbrechen" lassen. Der Weg führt lange Zeit über freie Fluren. Kurz vor der Station „Zusammenbrechen" fehlt ein Schild, das zum Abbiegen nach links weist. Wir sehen aber schon die nächste Station, einen alten Kreuzträger unter einem einzeln stehenden Baum. Bald erreichen wir ein größeres Waldstück. Wieder interpretiert ein Kunstwerk das Thema, diesmal „Augustinus zwischen Mutter und geliebter Frau". Der Heilige wirkt zwischen den beiden Frauen wie eingeklemmt, beide wenden sich ihm zu, er aber wendet sich von beiden ab. Bald bieten liegende Baumstämme die Gelegenheit, eine Rast im Schatten zu genießen. Mehr als die Hälfte des Wegs liegt nun hinter uns. Nach der Querung dieses großen Waldstücks gelangen wir wieder ins Freie. Bald erkennen wir schon den Sportplatz, der am Rand von Messelhausen liegt. An Gärten vorbei laufen wir ins Dorf, zurück zur Kirche. Hier steht rechts neben dem Gebäude die letzte Station, die gleichzeitig die letzte Station des irdischen Lebens darstellt – den Tod – und im Friedhof integriert ist. Eine Installation aus Holzstelen zeigt das Werden und Vergehen des Lebens auf. In der schönen Kirche können wir unseren Weg abschließen.

Impuls: Was hat mich am Leben/an den Aussagen des hl. Augustinus besonders beeindruckt?

Gebet

Guter Gott, ich habe einen interessanten Glaubenszeugen näher kennengelernt. Augustinus hat lange gebraucht, bis er zu Dir fand. Dann aber war er im Herzen entflammt. Mit vielen Schriften und durch sein Leben hat er versucht, Menschen für Dich zu begeistern. Schenke mir doch bitte hin und wieder etwas von dieser Begeisterung, mach mich „entflammt" für Dich! Amen.

Tipps:

→ Das **Begleitheft** bietet zusätzliche Erklärungen zur Person des Heiligen, zu seinen Aussagen und auch moderne Texte zum jeweiligen Thema. Impulse regen zum Nachdenken über das eigene Leben an. → **Führungen** vom Freundeskreis „augustinisch unterwegs" (siehe Info unten)

Ausgangspunkt: Pfarrkirche „St. Burkhard" in Messelhausen; Parken am Sportplatz oder am „Löhlein"; ÖPNV: Busverbindung ab Königshofen/Lauda ca. ½ Std. (unregelmäßig)
Weglänge/-dauer: Rundweg: 8,5 km/ca. 3–4 Std.
Beschaffenheit: Feld- und Waldwege; nicht barrierefrei; vereinzelt Sitzgelegenheiten
Informationen: Flyer mit Wegplan und ein Begleitheft liegen in der Kirche an der ersten Station aus.
→ augustinisch-unterwegs.de/Augustinusweg/Schwarzer-Weg

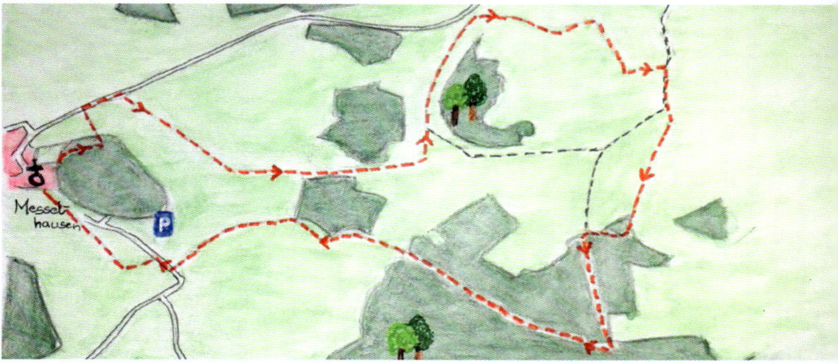

Dem Wort Jesu „Ich bin der Weinstock, ihr seid die Reben“ an einem Weinberg nachspüren

Weinbergs-meditationsweg

Ulsenheim

12

Wanderer, die aus spirituellen Gründen durch ihr Dorf laufen, sind die Ulsenheimer gewohnt; ist doch ihre Jakobuskirche ein Haltepunkt des Jakobswegs, der hier entlang verläuft. So war es die Idee eines Gottesdienstteams, für diese Pilger und auch für andere Besucher einen Meditationsweg mit elf Stationen anzulegen. Ulsenheim ist ein Weindorf, so lag das Thema dieses Wegs, „Weinstock“, nahe. Konfirmanden haben als Projekt im Jahr 2012 vorhandene Schilder überarbeitet und durch eigene Texte ergänzt. Der Weg soll eine Anregung sein, unser Christsein auf andere, neue Weise leben zu können.

Der Weg

Wir beginnen mit einem Besuch in der schönen Jakobuskirche, laufen dann zur Umgehungsstraße hinauf. Wir überqueren diese, gehen an der Weinhandlung Meier-Schmidt entlang den Berg hinauf und folgen dieser schmalen Straße weiter, bis wir am Waldrand den Wanderparkplatz sehen. Alternativ kann man auch mit dem Auto bis hierher fahren und so insgesamt circa zwei Kilometer abkürzen. Der Weg beginnt am Parkplatz. Parallel dazu verläuft ein Naturlehrpfad, gekennzeichnet mit einem Schmetterling, der zusätzlich mit einigen Schildern

über den Weinanbau, seine Pflanzen und Tiere informiert. An der ersten Station zeigt eine Übersichtskarte den Wegverlauf. Mit Hilfe dieser Skizze können wir uns auch ohne zusätzliche Beschilderung gut zurechtfinden. Die Station 1 begrüßt uns mit der Kernaussage: „Ich bin der Weinstock, ihr seid die Reben." Wir laufen zwischen Waldrand und Weinberg weiter, queren ab und zu ein kurzes, schattiges Waldstück. Weit ist der Blick über das Tal, in das sich Ulsenheim hineinschmiegt. Wir kommen zu Station 2 und 3. Hier steht ein Doppelschild nicht wie erwartet frontal vor uns, sondern quer, und das aus einem besonderen Grund: Sieben Aussagen über den Weinstock an Station 2 stehen sieben Aussagen an Station 3 über mich und meiner Beziehung zu Gott gegenüber. Wenn man zu zweit ist, könnte man die Seiten Punkt für Punkt abwechselnd vorlesen, zum Beispiel liest einer/eine an der Station 2 Punkt 2 über den Weinstock laut vor: „Hier bin ich – gepflanzt an einem Südhang, so hat die Sonne einen günstigen Einfallswinkel." Der/die andere liest den entsprechenden Punkt an Station 3 vor: „Hier bin ich – geliebt und gewollt von dir, Gott; in deinem Segen geschützt und geborgen; du wärmst mich und machst mein Leben hell." Auf diese Weise können wir das Bild vom Weinstock auf unser eigenes Glaubensleben übertragen.
Wir laufen weiter und werden an den folgenden Stationsschildern ganz verschiedenartige Texte vorfinden: Bibelstellen, in denen der Weinstock eine Rolle spielt und dazu meditative Texte; ein Gebet; Impulse für den Glauben; eine Körperübung mit Meditation; Auslegungen von Konfirmanden zu Bibelstellen.
Der Weg verläuft zunächst oberhalb des Weinbergs.

Bald kommen wir an eine Hütte von zwei Winzerfamilien. Ein idyllischer Platz! Bequeme Stühle mit Polstern und einem Tisch laden zu einer Rast ein. Ein Schild informiert uns, dass hier an Sonntagen, besonders bei schönem Wetter, Kostproben einiger Weine für den Besucher bereitstehen. (Telefonnummern sind angegeben für nähere Anfragen oder auch für eine Weinbestellung.) Was für eine freundliche Geste! Am Ende des Weinbergs biegt der Weg ab, geht ein Stück ins Tal hinunter und verläuft weiter in einem Bogen parallel zum Weg am Waldrand. Immer an unserer linken Seite: Wein in verschiedenen Rebsorten – weiße und rote! Auf der anderen Seite des Wegs liegen Felder und einmal auch eine große Streuobstwiese, ausschließlich mit Zwetschgenbäumen. Von den wilden Zwetschgenbäumen einer Hecke können wir köstliche Früchte pflücken. Auch an Brombeersträuchern lässt sich gut naschen. Zusammen mit dem Bild der verschiedenen reifen Rebensorten an unserer Seite – ein Herbst-Genussweg! Bald haben wir den Weinberg mit seinen elf Stationen umrundet und stehen wieder am Wanderparkplatz. Von hier aus laufen wir zum Dorf zurück. Am Wegrand liegt wieder die Weinhandlung. Hier können wir nun genau die feinen Weinsorten probieren und erwerben, an deren Berghang wir gerade vorbeigelaufen sind.

Impuls: Welches Bild/welche Bilder bleiben mir am Ende des Wegs vor Augen?

Gebet

Jesus Christus, wir bitten dich. Ströme mit deiner Kraft durch uns hindurch, wie die Reben vom Weinstock ihre Kraft empfangen. Lass uns gute Früchte hervorbringen und erfülle unser Leben mit deiner Liebe. Amen. (Gebet der Station 4)

Tipps:

→ **Schönste Jahreszeit:** Herbst (Trauben!) → Eine andere Form der Entspannung in Verbindung mit einer Übung in Achtsamkeit bietet ein **Spaziergang mit Hanna und ihren Alpakas** im Ort, nahe am Gänssee (www.hannas-gluecks-alpakas.de)
→ **Einkehrmöglichkeiten:** in Ulsenheim „Schwarzer Adler", in Herbolzheim (3 km) „Grüner Baum" – beide historische, sehr gemütliche Gasthäuser mit großer, auch regionaler Speisekarte

Ausgangspunkt des Rundwegs: Parken bei der Kirche St. Jakobus oder am Wanderparkplatz am Weinberg (= Wegbeginn);
ÖPNV: unregelmäßige Verbindungen ab Nürnberg; ca. 1,5 Std.
Weglänge/-dauer: 5,5 km/1,5–2 Std.
Beschaffenheit: asphaltiert; Wald/Feldweg; kurze Steigungen; einige Sitzgelegenheiten, einmal auch als Tischgruppe; nicht barrierefrei;
Informationen: www.markt-nordheim.de (Rad- und Wanderwege)
Telefon Pfarramt: 09842/475

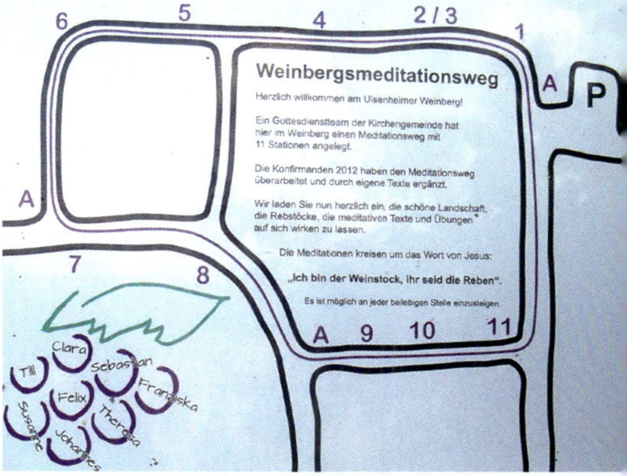

Mit dem Sonnengesang des hl. Franziskus
die Schöpfung entdecken

Besinnungsweg Sonnengesang

Aurach

13

Mitten im Naturpark Frankenhöhe liegt der Besinnungsweg Aurach. Die erste Idee und Umsetzung zu diesem Weg hatte Klaus Köhle, der damalige Bürgermeister des Ortes. Im Jahr 2008 wurde der Weg konzeptionell überarbeitet, neu eingerichtet und erweitert. Er besteht aus zwei Teilen: Dem „Sonnengesang“, der eher zum Nachspüren des Gebets vom hl. Franziskus anregt, und der „Sinneslust“, wo es um spielerische Erfahrungen mit den Sinnen geht. Im Folgenden wird der Wegteil „Sonnengesang“ beschrieben.

Der Weg ist gut ausgeschildert. Spürbar ist die Begeisterung, mit der er geschaffen wurde und die liebevolle Fürsorge, mit der er gepflegt wird. Die Plätze für die Stationen sind sorgsam ausgewählt. Jeder Innehalt-Stelle ist eine einladende Bank zur Seite gestellt. Die Texte an den Stationen geben Informationen und Impulse. In der Begleitbroschüre erhalten wir noch weitere Hinweise und Anregungen.

Der Weg

Startpunkt ist am Parkplatz der Wallfahrtskapelle. Ein großes Schild informiert detailliert über den Weg. An der Kirchenmauer steht die erste Station: „Lob Gottes“. Auf einem Schild steht der Text des Eingangsgebets vom Sonnengesang. Nebenan ist auf einem Sandstein ein Metallschild angebracht, an dem wir weitere Texte finden: Einen kurzen Impulsteil, darunter eine Einstimmung zum Weg. Dieses Muster wiederholt sich an den weiteren Stationen, manchmal mit Meditationsübungen oder unter dem Stichpunkt „Denkanstoß“.
Ein Wegweiser schickt uns hinaus in die Fluren. Wir queren eine Wiese. Unser Weg ist klar erkennbar, man hat ihn wie ein Rasenstück kurz gemäht. Wir kommen durch eine kleine Ortschaft und fühlen uns wie in einer anderen Zeit: Kühe auf den Weiden, Hühner auf der Wiese, ein Taubenschlag am Bauernhof, blökende Schafe in der Ferne. Der Weg führt uns zurück in die Fluren. An der Kurve, die nach links geht, könnte man die nächste Station „Sonne“ fast übersehen. Sie steht hinter einigen Bäumen, ist zur anderen Seite hin ausgerichtet – vielleicht wegen des schönen Blicks, den man von der Bank aus hat, die dort steht. Der Weg führt aufwärts, schon ist die Station „Mond“ zu erkennen. Eine Bank mit herrlicher Aussicht lädt nach dem Anstieg zur Rast ein. Der Weg geht dann am Waldrand entlang, wendet sich nach rechts. „Bruder Wind“ wartet auf uns. Wir gehen weiter, nun auf den Wald zu. Bei einem murmelnden Bächlein treffen wir auf „Schwester Wasser“. Nun führt der Weg in den Wald. Er wendet sich nach rechts, geradeaus würde man nun den Teil „Sinneslust“ beschreiten. Eine Station dieses Erlebniswegs berührt jedoch auch unsere Strecke: „ZeitGeist“ lädt uns ein, bei einem Baumstumpf nach Jahresringen zu sehen: Bei welchem Ring bin ich geboren?
Wir kommen bald wieder aus dem Wald heraus und laufen in Richtung Kapelle zurück. Unterwegs besuchen wir „Bruder Feuer“ und „Schwester Erde“. Die Station „Liebe und Frieden“

wurde von Patienten der forensischen Abteilung des Bezirksklinikums Ansbach gestaltet. Wir finden zusätzlich zum Schild des Sonnengesangs ein Klangspiel, eine Kneippanlage im Bach und zwei Holzstelen mit Sprüchen. Der Weg setzt sich durch Windshofen fort, quert die Straße und führt dann hinauf auf einen Hügel. Hier ist er von Wurzeln und Steinen durchsetzt, deshalb für Kinderwagen oder Rollstuhl nicht mehr geeignet. Etwas weiter kommen wir an einen Aussichtspunkt. Dort steht die letzte Station, „Schwester Tod". Der Blick auf die weite Landschaft unten und auf den zurückgelegten Weg – ein Denkanstoß auf einen Rückblick auf unser Leben? Das Schild gibt den Impuls: „Der Tod ist gewiss. Der Zeitpunkt des Todes ist ungewiss. Wie richte ich also mein Leben aus?" Wir halten inne, gehen dann hinunter ins Tal, queren nochmals die Straße und laufen zurück zum Parkplatz an der Kapelle.

Impuls: Wie ist mein eigenes Verhältnis zur Schöpfung?

Gebet

Ich bewege mich in dieser weiten Landschaft – meine Gedanken wandern immer wieder zum Lobpreis des Sonnengesangs. Alle meine Sinne nehmen auf: ich lausche, betrachte, rieche, spüre. Ich bin Teil dieser herrlichen Schöpfung und fühle große Dankbarkeit. Ich trage auch ein Stück Verantwortung. Wie kann ich für die Schöpfung sorgen? Guter Gott, gib mir bitte immer wieder gute Ideen dafür. Amen.

Tipps:

→ Eine **informative Broschüre** über den Weg liegt im Rathaus Aurach aus → **Familien mit Kindern** sollten – vom Weg des Sonnengesangs ausgehend – den Wegteil „Sinneslust" anhängen. Er ist mit vielen Mitmach-Aktionen verbunden. → **Gute Einkehrmöglichkeiten** im sieben Kilometer entfernten Feuchtwangen

Ausgangspunkt: Parkplatz an der Kapelle „Mater dolorosa" im Gemeindeteil Windshofen; ÖPNV: mit Bus ab Ansbach nach Aurach (Dauer: zw. 30 Min. und 1 Std.); dann besser: Beginn des ganzen Wegs (mit Wegteil Sinneslust) am Friedhof Aurach
Weglänge/-dauer: Wegteil „Sonnengesang": 6,5 km/2–2,5 Std.; (gesamt: 10 km/3–3,5 Std.)
Beschaffenheit: überwiegend befestigte Wege; wenige moderate Steigungen; an jeder Station eine Bank mit Aussicht; barrierefrei mit Auslassung der Station 9 (dann an der Straße zur Kapelle zurück!)
Informationen: www.besinnungsweg-aurach.de/sonnengesang

Den Inhalten des Psalms 23, „Der Herr ist mein Hirte“, nachspüren

Hirtenweg

Petersaurach

14

Noch vor wenigen Jahren haben Schäfer ihre Herden auf den Wiesen hier weiden lassen. Die Kirche selbst ist dem hl. Petrus geweiht, dem ersten „Hirten" der jungen Kirche, der ja auch noch im Namen des Dorfs steckt. Der Schlüssel – Zeichen für Petrus – wurde das Erkennungszeichen auf dem Wegweiser. Was lag dann näher, als den 23. Psalm mit Stationen für einen Hirtenweg aufzubereiten? Seine Worte haben Menschen seit Jahrtausenden Halt gegeben und können auch uns durch Tiefen und Höhen tragen. Mit Hilfe eines ökumenischen Arbeitskreises wurde das Projekt umgesetzt und der Hirtenweg im Juli 2011 eingeweiht. Der Weg beginnt und endet an der Kirche. An jeder Station ist ein Vers aus dem Psalm in eine Sandstein-Stele eingraviert. In einem gelben Begleit-Flyer, der in einem Kasten am Beginn ausliegt, finden wir den gesamten Text des Psalms und hilfreiche Impulsfragen, die sich auf unser Leben beziehen. Zwei Steinmetze, eine Bildhauerin und ein Pflastermeister haben einige Stationen besonders ausgestaltet. Die Wegführung ist sehr bewusst gewählt, um die Aussagen der Psalmverse noch zu unterstützen. Es macht Sinn, sich bei jeder Station die Frage zu stellen: „Warum steht diese Stele gerade hier?"

Der Weg

Eine riesige Bibel aus Sandstein überrascht uns gleich am Anfang des Wegs unweit der Kirche: Die Bildhauerin Bettina Schlüsselburg hat den guten Hirten aus dem Inneren des Buchs herausgearbeitet. Die Bibel hat ein Schloss und gleicht damit einer offenen Tür, die für jeden offen ist.

Der Weg beginnt gleich gegenüber, er ist mit dem Hinweisschild „Schlüssel" gekennzeichnet und führt uns zunächst ins Dorf hinein. Beim Kindergarten kommen wir an die Station 1. Soll doch unser Psalm die Menschen von der Wiege bis zur Bahre begleiten. Neben einem Bild mit spielenden Kindern und einem Hirten mit Schafen steht die Stele mit dem ersten Vers: „Der Herr ist mein Hirte". Auf dem Flyer finden wir dazu die Frage: „Auf wen kann ich mich unbedingt verlassen?"

Am Rathaus vorbei spazieren wir hinaus in „grüne Auen" und zu „frischen Wassern". Nach der Station 6 führt der Weg an einer Holzhütte nach links in den Wald hinein, dort links an einem umzäunten Pflanzgarten vorbei. Anstelle eines „finsteren Tals" ist die Stele 7 in einem dunklen Teil des Fichtenwalds zu finden. Station 9 ist ein Tisch aus Stein, in den der Vers eingraviert ist: „Du bereitest vor mir einen Tisch im Angesicht meiner Feinde". Der Impuls lautet: „Wo fühle ich mich eingeladen?" Bei Führungen wartet hier eine gemeinsame Brotzeit auf die Besucher. Daneben stehen mehrere Tischgruppen, an denen auch eine größere Anzahl von Be-

suchern Rast machen kann. Bei der 10. Station finden wir ein Labyrinth. Es ist gleichzeitig Wendepunkt, wir kehren um bis zur Station 8, gehen dann der Markierung folgend ins Dorf hinunter. Dort biegen wir in den Friedhof ab. Am großen Steinkreuz finden wir Station 11. Die letzte Stele steht dann unmittelbar vor der Kirche.
Wir beschließen unseren Weg im Gotteshaus. Hier begegnen wir Petrus, dem ersten Hirten der Kirche, einmal an der Wand – aus Lindenholz geschnitzt – und einmal in dem wunderschönen, bunten Glasfenster vorn am Altar. Wir können nun – in der Stille des Gotteshauses – Abschied nehmen von unserem Hirtenweg.

Impuls: Welches Bild/welche Bilder möchte ich von diesem Weg mit nach Hause nehmen?

Lied/Gebet:

Das wünsch ich sehr,
dass immer einer bei mir wär,
der lacht und spricht:
„Fürchte dich nicht!"
Sei gesegnet!

Tipps:

→ **Führungen** nach Voranmeldung unter Tel. 09872/7561 oder 09874/339 → Gelber **Begleit-Flyer** im Kasten an der Hirtenskulptur → Schönes **Wegführer-Heftchen** liegt im Pfarrbüro aus → **Einkehr:** Gasthof Krone, Markgrafenplatz, Öffnungszeiten: Di–Sa ab 15 Uhr, So ab 18 Uhr, Mo Ruhetag – nur Brotzeiten, warme Speisen bei bes. Gelegenheiten, tel. Anfrage: 09872/7242 → **Für Kinder:** Toller Spielplatz und Bolzplatz am Klostersteig in der Mitte des Wegs

Ausgangspunkt: Kirche St. Peter; Parkplätze rund um die Kirche am Seitenstreifen (alternativ bei der Schule); ÖPNV: Zug von Nürnberg ca. 45 Min., Fußweg vom Bahnhof zur Kirche ca. 10 Min.
Weglänge/-dauer: 4,6 km/2–2,5 Std.
Beschaffenheit: barrierefrei bis zur Station 6; leichter Anstieg im Wald zwischen Station 6 und 8; mehrere Ruhebänke; Tischgruppe bei Station 9; (Hinweis: Man kommt „barrierefrei" auch zu Station 8, 9 und 10, wenn man zwischen Station 4 und 5 die asphaltierte Straße „Klostersteig" nimmt.)
Informationen: www.petersaurach-evangelisch.de

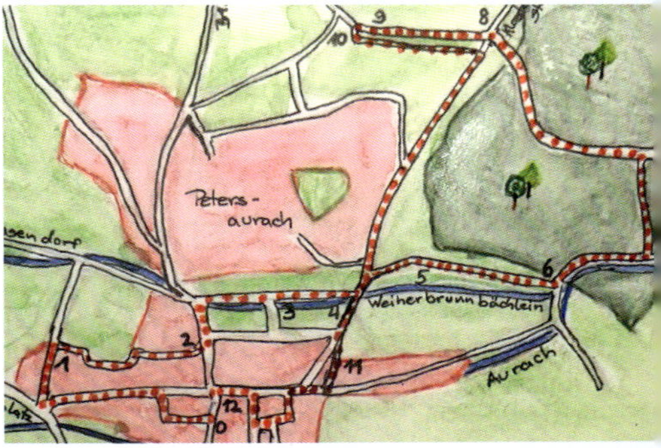

Ein neues Bewusstsein für die Rechte eines jeden Menschen auf einem Rundweg im Maintal

Weg der Menschenrechte

Viereth-Trunstadt

15

Auf einem Besinnungsweg über die Menschenrechte informieren? Diese Idee umzusetzen faszinierte 2016 eine Handvoll engagierter Idealisten aus den Gemeindeteilen von Viereth-Trunstadt. Mit viel Fantasie wurden die Stationen von mehreren ortsansässigen Künstlern geschaffen. Man verwendete unterschiedlichste Materialien wie Holz, Stein, Stahl, Graffiti-Malerei. Wir begegnen so ganz verschiedenen Kunstwerken, immer der Natur und ihrer Umgebung angepasst. Über QR-Codes können an jeder Station die jeweiligen Menschenrechtsartikel und Informationen abgerufen werden. Mit einem Netzwerk von Förderern und vielen ehrenamtlichen Helfern entstand dieser außergewöhnliche Weg mit überregionaler Bedeutung.
Die Wegführung ist bestens markiert. Zusätzlich zeigen an einigen Stellen Schilder den jeweils aktuellen Standort im Wegverlauf.

Der Weg

Wir beginnen am schmucken Dorfplatz von Viereth. Artikel 1 steht in auffälliger, roter Schrift auf einem großen, aufrecht stehenden Quader aus Naturstein, daneben eine große Weltkugel. Fast alle Staaten der Erde haben schließlich Menschenrechtsabkommen unterzeichnet.

Wir folgen dem Hinweisschild am Rathaus – einem herrlichen Fachwerkgebäude – vorbei und treffen an einer Hausecke bereits auf den nächsten Artikel. Es geht um Rechte und Freiheiten aller unabhängig von Geschlecht, Rasse, Hautfarbe .... In einem Kasten ist ein Teilstück der Berliner Mauer ausgestellt. Unter dem Stichwort „Wussten Sie schon, dass ...“ finden wir Informationen über die 139 Flüchtlinge, die beim Fluchtversuch über die Mauer ihr Leben lassen mussten – thematisch zusammenhängend mit dem Recht auf Freiheit. Derartige Schilder mit zusätzlichen interessanten Angaben werden uns immer wieder bei einem Artikel begegnen, passend zu dem Inhalt oder zu lokalen Gegebenheiten. Auch auf einige große Schaubilder werden wir treffen, die zum Beispiel über die Entstehung des Wegs berichten.

Wir folgen dem Weg, der nun durch den Friedhof führt. Der nächste Artikel steht auf zwei Granitstelen, die sich gut den umgebenden Grabsteinen anpassen. Wer mag, kann die schlichte, aber schöne Jakobuskirche besuchen. Der Weg verläuft nun stetig leicht aufwärts. Wir finden Artikel auf Findlingen, auf glatt bearbeiteten vierkantigen Stelen und wo es um das Recht auf Rechtsbeistand geht, eine abstrakte Sandsteinskulptur mit einer geschlossenen Kette – Zeichen für die Gefangenschaft eines Rechtlosen? Einen Artikel entschlüsseln wir als Graffiti auf der Mauer des Was-

serhochbehälters von Viereth. Wir sind nun auf dem Kamm des Hügels. Unter uns liegt Viereth im breiten Maintal. Auf der anderen Seite schauen wir in ein kleines, reizvolles Tal mit einem Dorf. Eine ganze Weile laufen wir auf dem Höhenweg durch Wiesen und Felder weiter, bis wir einen größeren Platz entdecken. Hier stehen – neben den nächsten Artikeln – unter Schatten spendenden Bäumen einige Bänke und Tische. Was für ein schöner Rastplatz! Diese Stelle ist zugleich Endpunkt eines modernen Kreuzwegs, der von der Steinmetzfamilie Klesse geschaffen wurde. Wir biegen im rechten Winkel ab und laufen den Kreuzweg abwärts, gelangen nun in die Ortsmitte von Trunstadt. Hier können wir das herrliche Renaissance-Schloss mit dem uralten, 1000-jährigen Wehrturm bestaunen. Den Artikel über das Recht auf Bildung finden wir sehr passend gegenüber der Schule von Trunstadt, auf einem größeren Platz. Grob bearbeitete aufrecht stehende Holzstämme könnten Personen – vielleicht Kinder – darstellen. Der Weg führt nun aus Trunstadt heraus und läuft als Fuß-Rad-Weg parallel zur Bundesstraße zurück nach Viereth. Hier endet er mit dem letzten Artikel, nahe dem Ausgangspunkt. Dieser Weg informiert über die Artikel hinaus auch über aktuelle Zahlen und Fakten. Er sensibilisiert, macht aufmerksam auf Zustände, die noch nicht mit den Menschenrechten vereinbar sind, rückt dabei soziale Missstände in den Fokus, auch den Klimaschutz. Er ist kreativ – das merken wir, wenn wir bei den Kunstwerken den Zusammenhang mit dem Artikelthema suchen. Und er ist sinnlich – verwöhnt unsere Augen, wenn wir durch eine beschauliche Landschaft und die schmucken Ortskerne von Viereth und Trunstadt spazieren.

Impuls: Welche Stationen haben mich besonders berührt?

Gebet

Guter Gott, deine Liebe gilt für jeden, für jede gleich. Lass mich immer dessen bewusst sein, wenn ich anderen begegne oder wenn ich mit einem schwierigen Menschen zu tun habe. Gib mir die Kraft, diesem Menschen dann mit Achtung entgegenzutreten. Amen.

Tipps:

→ **Einkehrmöglichkeiten** in Viereth und Trunstadt → Sowohl Viereth als auch Trunstadt bieten mit Kirchen und Bauwerken **historisch Sehenswertes** am Wegrand → Das **Weltkulturerbe** „Bamberg" liegt sozusagen vor der Haustür

Ausgangspunkt der Rundwanderung: Rathaus Viereth; Parken ab 13 Uhr an der Grundschule möglich; ÖPNV: von Bamberg in ca. 30 Min. mit Bus erreichbar

Weglänge/-dauer: 5,5 km/ca. 2 Std.

Beschaffenheit: geschottert, asphaltiert; anfangs Steigungen; immer wieder Sitzgelegenheiten, einmal mit Tischen; nicht durchgehend barrierefrei

Informationen: www.viereth-trunstadt.de (Freizeit und Tourismus/Weg der Menschenrechte)

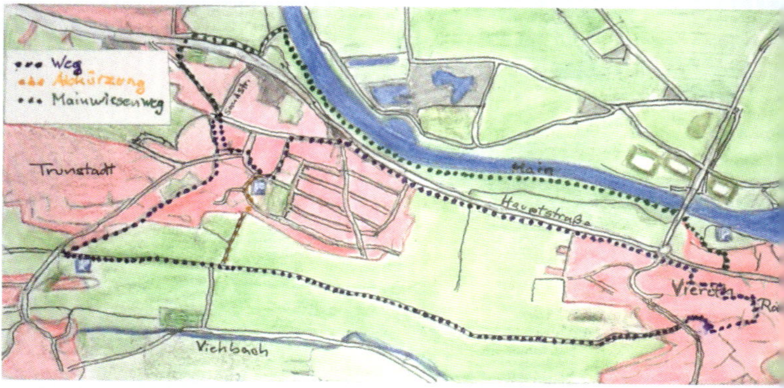

An zwölf Stationen nachdenken über die Beziehung von Mensch und Schöpfung

Schöpfungsweg

Bamberg

16

Der Schöpfungsweg wurde zum 1000-jährigen Bistumsjubiläum von Bamberg im Jahr 2007 ins Leben gerufen. Gottes Schöpfung – in Verbindung mit einem Zitat aus der Bibel – lässt uns nachdenken: Was haben wir aus der Natur gemacht? Was können wir von ihr lernen? Zwölf Mal lassen wir uns inspirieren von den Worten der Bibel und faszinieren von der Schönheit der Natur. Der Weg greift historisch interessante Begebenheiten auf, wie zum Beispiel die Quellfassung und Wasserleitung der Benediktinermönche, die noch funktionstüchtig ist. Er beinhaltet aber auch das brandaktuelle Stichwort „Nachhaltigkeit", wenn er mit „Streuobstwiese" und „nachhaltiger Forstwirtschaft" die Verantwortung gegenüber der Natur hier und jetzt im Blick hat. Den zwölf verschiedenen Themen sind Tafeln mit einem Bibelspruch und Erklärungen zugeordnet.

Der Weg ist als Rundweg angelegt. Er beginnt und endet bewusst in der Klosterkirche von St. Michael. Hier kultivierten unmittelbar nach Bistumsgründung Benediktinermönche das umgebende Land. Eine Übersichtskarte auf einem Flyer und Beschilderungen an wichtigen Punkten lassen uns den Weg gut finden.

Der Weg

Klosterkirche und Bibelgarten bilden zusammen Station 1. Die Kirchendecke zeigt ein einzigartiges Kunstwerk mit 578 Pflanzen in einem blühenden Himmelsgarten. Diese Idee wird vom kleinen Bibelgarten im Innenhof des Klosters aufgenommen. Hier finden wir einige Pflanzen der Bibel, die auch auf dem Deckengemälde zu sehen sind. Auf einem Betonsockel mit abgeschrägter Oberfläche steht das dazugehörige Schild. Unter der Überschrift mit dem Thema und der Nummer der Station können wir ein Zitat aus der Bibel lesen. Wir verlassen die Klosteranlage durch das große Tor, halten uns rechts, nehmen dann die linke Abzweigung und laufen eine kleine Seitenstraße hinunter. Nun ist der Weg beschildert, wird zum Feldweg und führt uns hinaus aus der Stadt. Wir treffen auf Station 2 – ein Labyrinth – angelegt mit Lavendelbüschen, als Mitte ein großer Weinstock als Symbol für Christus. Dann begegnen wir dem historischen „Ottobrunnen" als Station 3. Wir queren ein Wäldchen mit einem Hohlweg – Station 4 –, laufen durch Wiesen, an Feldern vorbei und erreichen nun die Waldgrenze. Hier sind die Stationen 5, 6, 7 und 10 zu finden. Das Gelände ist leicht hügelig, Waldwege wechseln mit ursprünglichen Pfaden. Immer wieder informiert eine Gesamtkarte über den Wegverlauf. Eher am Waldrand liegen die Stationen 8 und 9 – der historische Steinbruch und die Streuobstwiese. Nach Station 10 erreichen wir die Stadtgrenze wieder, wo dann die beiden Stationen 11 – Villa Remeis – und Station 12 – das Kreuz – unseren Weg inhaltlich abschließen.

I.N.R.J

Impuls: Welche Station hat mich besonders fasziniert? Wo kann ich in meinem Alltag einen verantwortlichen Umgang mit unserer Schöpfung pflegen?

Gebet

Herr, du hast mich mitten in deine herrliche Schöpfung gestellt. Ich darf sie nutzen für mein Leben. Gib mir den Blick, so zu leben, dass ich achtungsvoll mit der Schöpfung umgehe. Schenke mir Fantasie, gib mir Ideen, wie ich so leben kann, dass ich nicht zerstöre, sondern aufbaue. Amen.

Tipps:

→ In der vorletzten Station – Villa Remeis – lässt sich gut **einkehren** – mit einem **herrlichen Blick** auf die Stadt.
→ **Bamberg** als Stadt ist sehr sehenswert (Weltkulturerbe!), besonders die Altstadt und der Dom.

Ausgangspunkt: Kloster St. Michael am Stadtrand von Bamberg, von dort als Rundweg mit zwölf Stationen im Naturgelände; nur einige wenige Parkplätze am Kloster oder in Seitenstraßen verfügbar! ÖPNV: Busanbindung Linie 910
Weglänge/-dauer: ca. 5 km/ca. 2–2,5 Std.
Beschaffenheit: leicht hügelige Wege und Pfade, auch für Kinder/ Familien gut geeignet; einzelne Sitzmöglichkeiten vorhanden; nicht barrierefrei
Informationen: Flyer: www.bamberg.info/wege/schoepfungsweg_am_michaelsberg-1182 → Begleitbuch: „Schöpfungsweg am Kloster St. Michael im Bamberg. Ein meditativer Wegbegleiter", im Buchhandel erhältlich → Führungen: für Gruppen möglich unter: www.bamberger-dom.de/domfuehrungen/sonderfuehrungen/schoepfungsweg
→ Arbeitshilfen für Kinder im Kloster (Büro) erhältlich.

„Von der Schöpfung bis zum himmlischen Jerusalem“

Fränkischer Bibelweg

Untermerzbach

17

Seit Herbst 2004 verbindet der Fränkische Bibelweg die beiden Orte Untermerzbach und Seßlach. Initiator war der Palottinerpater Alois Hofmann, der die Bürgermeister der beiden Orte von dieser Idee sofort überzeugte. Unter der Anleitung von Holzbildhauer Wolfgang Schott ließen sich zwölf Bildhauerlehrlinge von ausgesuchten Bibelstellen inspirieren. Die eindrucksvollen, großen Kunstobjekte wurden mit Kettensägen aus Holzstämmen herausgearbeitet. Es ist erstaunlich, was mit Hilfe nur eines Baumstammstücks entstanden ist, wie sich die Figuren geradezu aus dem Holz herauswinden!

Es war der Wunsch des Paters, dass die Botschaft der Bibel durch die Skulpturen auch den Menschen einen Lebensimpuls geben kann, die sonst keinen Zugang mehr zur Kirche finden.

Der Weg

Unser Weg beginnt am Eingang zum Schlosspark von Untermerzbach neben dem Parkplatz. Gleich hier finden wir die Szene von Adam, Eva und der Schlange mit dem Titel: „Vereint in Freud und Mühsal". Aus einem dicken Holzstamm schälen sich die Figuren der beiden ersten Menschen heraus,

die Schlange bindet sie förmlich noch näher aneinander. Daneben ist – wie bei allen anderen Stationen – ein Metallschild auf einem Holzpfosten angebracht mit der entsprechenden Stelle aus der Bibel. Wer sich die spirituelle Wegbegleitung von Pater Hofmann heruntergeladen hat, kann die Szene nun noch mit einer kurzen Interpretation des Bibeltexts und mit einem Gebet vom Pater Hofmann vertiefen. Wir folgen dem Schild: Alpha und Omega. Eine Wegbeschreibung ist nützlich zur Orientierung, hier aber nicht Bedingung, denn die Beschilderung ist hervorragend. Sogar die zurückgelegten und vor uns liegenden Kilometer sind angegeben. Der Weg führt in einem Bogen um das Schloss herum, berührt dabei die Station „Neue Hoffnung nach dem Schiffbruch" – die Geschichte Noahs. Im Dorf zurück finden wir „Loslassen zum Leben in Fülle" – Abraham, der seinen Sohn opfern will. Auf dem Weg zum nächsten Dorf steht Moses zwischen zwei „Dornbüschen" mit „Im Vertrauen auf Gott Grenzen überschreiten". In Memmelsdorf ist auf dem schönen Dorfplatz mit Brunnen der Psalm 23 zu finden – mit der Abbildung einer tiefen Schlucht und dem Titel: „Du brauchst keine Angst zu haben". Der Weg verlief bisher in Ortschaften oder an Feldern entlang und gelangt nun in den Wald. In kürzeren Abständen kommen die nächsten Stationen. An eine besonders beeindruckende Stelle ist die Station 9 gesetzt: Mächtige Felsen und Gesteinsbrocken umrahmen einen Platz im Wald, darunter „Heilung durch Zuwendung" – eine Umsetzung der Heilungsgeschichten Jesu. Vom Waldrand aus

sehen wir schon unser Ziel: Seßlach. Die letzte Station steht unmittelbar vor dem Stadttor: „In der neuen Welt aufgerichtet“. Sie zeigt – nach der Offenbarung – einen Menschen, der nach und nach aufgerichtet wird.
Der Weg ist sehr abwechslungsreich, führt durch eine ländliche, ruhige Gegend. An den meisten Stationen laden Bänke zum Ausruhen ein und immer wieder auch Sitzgruppen für eine Essenspause. In den Dörfern, die wir berühren, können wir wunderschöne, liebevoll hergerichtete Fachwerkhäuser und alte Höfe bestaunen. Der Höhe- und Endpunkt ist dann Seßlach – ein Kleinod von mittelalterlicher Stadt, mit Stadtmauer, einem wunderschönen Marktplatz und vielen Möglichkeiten zu einer leckeren Einkehr.

Impuls: Welches Motiv hat mich besonders beeindruckt? Welches habe ich vermisst – wie hätte ich es gern dargestellt? Gibt es auch eine Geschichte von mir und Gott?

Gebet

Guter Gott, Deine Geschichte mit den Menschen ist eine lange Geschichte. Sie geht weiter – heute und morgen. Mache mich bitte aufmerksam auf Dein Wirken in meiner Welt, damit ich Dich erkenne. Lass mich immer wieder auch spüren, dass Du bei mir bist und gib mir Ideen und den Mut, die Welt in Deinem Sinn mitzugestalten. Amen.

Tipps:
→ **Streckenwanderung!** Den Rückweg muss man selbst organisieren; → **Möglichkeiten zur Einkehr** sowohl in Untermerzbach wie auch in Seßlach → Von den beiden Orten starten zwei weitere, etwas längere Pilgerwege (Skulpturenwege), die sich am Zielpunkt in Vierzehnheiligen vereinen (s. Anhang).

Ausgangspunkt: Parkplatz am Schloss Untermerzbach; **Endpunkt:** Seßlach (oder umgekehrte Laufrichtung); Seßlach ist mit ÖPNV (Bus) über Coburg zu erreichen; **Weglänge/-dauer:** ca. 10 km/ca. 3–4 Std. **Beschaffenheit:** asphaltiert, geschottert, Waldpfad; bis Station 5 barrierefrei; weitgehend eben, ein Anstieg zum Wald **Informationen:** Prospekte am Schloss, im Rathaus von Untermerzbach und am Dorfplatz von Memmelsdorf erhältlich;
→ www.sesslach.de
→ www.untermerzbach.de/tourismus (Download Wegbeschreibung und spirituelle Texte – sehr empfehlenswert!)
→ www.hinterindien.de (hier: Route 28)

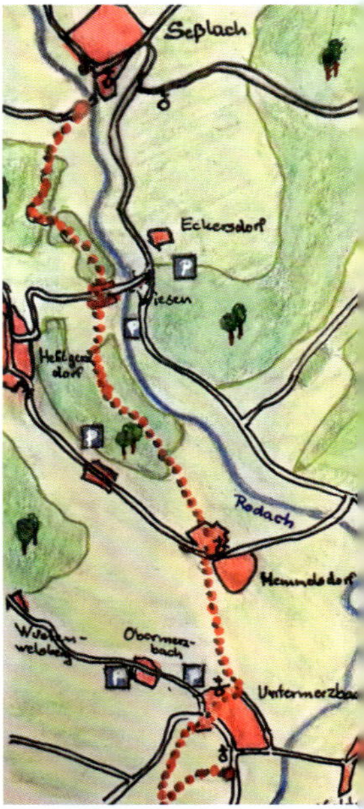

Begegnung mit den 14 Nothelfern auf einem alten Wallfahrtsweg zur Basilika Vierzehnheiligen

Nothelferweg

Lichtenfels

18

Modern inspirierte Kunst in Form von gestalteten Stahlplatten auf einem historischen Wallfahrtsweg – was für ein interessanter Gegensatz!

Der Zielpunkt unseres Wegs – die Basilika Vierzehnheiligen – entstand durch eine Gründung des damaligen Zisterzienserklosters Langheim. Der Weg zwischen den Klöstern war von da an ein vielbegangener Verbindungs- und Wallfahrtsweg. Und wie kam es zu den 14 Nothelfern? Ein Hirte hatte im Jahr 1446 genau an der Stelle der heutigen Basilika eine Erscheinung von dem Jesuskind mit 14 Heiligen. Später geschahen auf die Fürbitten dieser Heiligen hin viele Gebetserhörungen. So wurden sie zu „Nothelfern" für die Gläubigen. Die Idee zum „Nothelferweg" entstand in einem Planungsteam des Klosters Vierzehnheiligen und der Stadt Lichtenfels. Manuela Schaller aus Klosterlangheim schuf schlichte Stahlplatten mit Rostpatina, in die Namen und Attribute der Heiligen in Kreuzform durchgestanzt wurden. In dem Betonsockel ist ein QR-Code integriert, über den man mit einem internetfähigen Handy Zusatzinformationen zu jedem Heiligen erhält. Die Künstlerin wollte damit bewusst einen Kontrast zu den figürlichen Darstellungen in der Basilika schaffen.

Der Weg

Von der Katharinenkapelle in Klosterlangheim kommend laufen wir circa 50 Meter an der Bundesstraße entlang Richtung Lichtenfels. Nach einem ehemaligen Klostergebäude biegen wir links ab, laufen – von zwei historischen Brückenheiligen begleitet – über eine alte Brücke und folgen dann der Wegweisung. Die Beschilderung ist sehr gut, bis kurz vor Vierzehnheiligen verläuft die Trasse gleichzeitig auf dem „Frankenweg". Im Grunde heißt es nur, dem Hauptweg zu folgen. Im Abstand von mehreren hundert Metern stehen die Kunstobjekte am Wegrand. Auf einem Betonsockel ist eine Stahlplatte – in Rostpatina gehalten – fixiert. In diese ist der Name des Nothelfers horizontal durchgestanzt, vertikal seine Insignien, die ihn oder sie als heilige Person kennzeichnen. Die Touristinformation Lichtenfels verschickt gern eine Broschüre mit Texten und Bildern zu jeder Station, die einen begleiten kann.

Der Weg verläuft zunächst allmählich ansteigend, geht durch weite Ackerfluren bis zu einem Wäldchen. Hier haben wir einen schönen Ausblick zurück auf das Klosterdorf. Nun gehen wir ein Stück am Waldrand entlang, bis der Weg in ein längeres Waldstück hineinführt. Wir laufen nun in einem herrlichen Mischwald. An einer Wegkreuzung entdecken wir einen alten Pilger-Bildstock: Zeichen für den jahrhundertealten Wallfahrtsweg, den wir nun auch benutzen. Auch das sogenannte „Weiße Kreuz" mitten im Wald gehört dazu. Kurz nach der „hl. Barbara" haben wir die Höhe erreicht, nun geht es relativ eben dahin.

Wir laufen jetzt wieder am Waldrand entlang, mit Blick auf Ackerflächen und Hügelketten. Dann stoßen wir auf eine geteerte Verbindungsstraße, gehen auf dieser ein längeres Stück bergab, folgen der Beschilderung „Vierzehnheiligen“. Bald erkennen wir durch das Laub der Bäume schon die Doppeltürme der Basilika, der wir uns von hinten nähern.

Wir umrunden diese herrliche Wallfahrtsbasilika – ein Besuchermagnet weit über die Region hinaus. In der Kirche finden wir in der Mitte den Altar mit den 14 Heiligen. Wir können unsere „Nothelfer“ nun in ihrer barocken Gestalt bewundern. Hier löst sich auch der Spannungsbogen zwischen dem Mutterkloster in Langheim und dem „Tochterkloster“ in Vierzehnheiligen.

Impuls: Welcher/welche Heilige hat mich besonders berührt? Was kann er/sie mir auch heute noch sagen? Gab es einen „Nothelfer“ in meinem Leben? Wem konnte/kann ich „Nothelfer“ sein?

Gebet

Guter Gott, vielen Glaubensvorbildern bin ich hier begegnet. Für alle warst Du die Mitte und das Ziel ihres Lebens. Sei bitte auch bei mir und hilf mir, meine Fähigkeiten zu entdecken und einzusetzen. Segne mich, damit ich zum Segen werde. Amen.

Tipps:

→ **Streckenwanderung!** Rücktransfer in Eigenregie oder Busverbindung über Lichtenfels (Dauer ca. 1 Std.) → **Führungen** mit unterschiedlichen thematischen Schwerpunkten über Touristinformation Lichtenfels → **Einkehr:** in den Klostergaststätten am Start- und Zielpunkt

Ausgangspunkt: Katharinenkapelle in Klosterlangheim (Bushaltestelle und Parkplatz nahe an der Kapelle); ÖPNV: Busverbindung ab Bahnhof Lichtenfels (20 Min.)
Endpunkt: Basilika Vierzehnheiligen (Busanbindung, Parkplatz) – oder umgekehrte Laufrichtung (dann fast stetig bergab)
Weglänge/-dauer: 4,6 km/1,5–2 Std.
Beschaffenheit: breiter Weg mit festem Untergrund; für alle Altersgruppen gut zu bewältigen; Ruhebänke; Tischgruppen, zum Teil mit Wetterschutz; wird auch als Radweg genutzt; ca. 170 Höhenmeter.
Informationen: → www.obermain-jura.de/de/touren
→ www.lichtenfels.de/nothelferweg

Erfahrung für alle Sinne: der Sonnengesang des hl. Franziskus in einem prächtigen Schlosspark

Franziskusweg

Bayreuth

19

Inspiriert durch den Franziskusweg in der Rhön überlegte sich die Lehrerin Christel Sakalow eine Wegführung durch den staatlichen Park der „Eremitage". Sie fand hier viele vorgegebene Objekte – sei es in der Architektur oder durch die Gartenanlage –, an denen man die Elemente des Sonnengesangs wie „Feuer", „Wasser", „Erde" und so weiter anschaulich erkennen kann.

Da in diesem Park keine Schilder aufgestellt werden dürfen, die nicht im Zusammenhang mit der Schlösserverwaltung stehen, sollte der Besinnungsweg in einer gebuchten Führung begangen werden. Alternativ kann man ein kleines Führer-Heftchen erwerben. Hier ist dann in einer Kartenskizze der Wegverlauf mit seinen Stationen ersichtlich. Es gibt zusätzliche Informationen zum Hintergrund dieses Wegs, zu Franziskus und der Entstehung des Sonnengesangs. Zu jeder Station gibt es neben dem abgedruckten Gebetsteil einen meditativen Impulstext (in Anlehnung an Texte von Elmar Gruber). Die Abfolge der Stationen des Sonnengesangs ist:

1. Lobgebet – 2. Schwester Sonne – 3. Mutter Erde – 4. Bruder Tod – 5. Mond und Sterne – 6. Wasser – 7. Bruder Wind – 8. Frieden – 9. Feuer – 10. Lobgebet.
Es ist der Wunsch der Begründerin, dass die Besucher den Weg als geistliche Begegnung mit der Schöpfung erfahren mögen – mit allen Sinnen.

Der Weg

Wir starten am Parkplatz Eremitage und laufen Richtung Park bis zum Seerosenteich. Hier befindet sich die erste Station. Wir hören/lesen einen meditativen Text zur Einstimmung: „Ankommen". Dann erfahren wir etwas über Franziskus und seinen „Sonnengesang" und hören/lesen sein Eingangsgebet. Wir laufen weiter zur Station „Schwester Sonne", zum sogenannten „Sonnentempel". Auf der Kuppel dieses Gebäudes fährt der Gott Apollo in einer goldenen Quadriga als Sinnbild für die Sonne. Wir hören/lesen die Strophe des Gebets, danach den Impulstext „Nachgedacht". Was bedeutet „Sonne"

für mich? Kann Gott für mich sein wie die Sonne? Wem bin ich „Sonne" – wer ist für mich „Sonne"? Das sind einige Gedanken, die wir in uns bewegen können oder über die wir uns in der Gruppe auch austauschen können.
So folgen wir dem Verlauf der skizzierten Stationen und finden dabei Wasserspiele zur Schwester Wasser, ein antikisches Ruinengrab zum Bruder Tod, wunderschön angelegte Blumenbeete zur Mutter Erde oder eine Holzbrücke über einen Weiher zum „Frieden".
Der Weg endet wieder am Seerosenteich mit der zehnten Station, „Lob Gottes", wo wir den Abschlussteil des Sonnengesangs vorfinden. Ergänzend hören/lesen wir ein Gebet vom jetzigen Papst Franziskus, „Gebet für unsere Erde", in dem wir uns unserer herrlichen Schöpfung bewusst werden sollen, aber auch an die Verantwortung dafür erinnert werden.

Impuls: Welches ganz persönliche Lob-/Dankgebet könnte ich formulieren?

Gebet

Guter Gott, Franziskus hat in diesen Elementen der Schöpfung immer die Verbindung zu Dir gesehen. Mache auch mich aufmerksam für die kleinen und großen Wunder in meiner Umgebung und in meinem Alltag. Amen.

Tipps:

→ **Flyer** mit Wegskizze und geistlichen Impulsen über: www.ebw-bayreuth.de → **Private Führungen:** christel.sakalow@gmx.de → **Kleine Wegführer-Heftchen** für 2,– € in der Touristinformation Bayreuth (auch Versand: info@bayreuth-tourismus.de) und Buchhandlung Kircheneck → Eine **Schlossbesichtigung** sowie das Begehen des ganzen Parks sind sehr empfehlenswert. → Die **Stadt Bayreuth** bietet weitere Sehenswürdigkeiten (Markgräfliches Opernhaus = Weltkulturerbe).

Ausgangspunkt: Parkplatz Eremitage; ÖPNV: Haltepunkt „Eremitage" der Buslinien 302 und 303 ab Busbahnhof bzw. Bahnhof

Weglänge/-dauer: ca. 2 km; mit Verweil-Pausen an den Stationen ca. 1,5–2 Std.

Beschaffenheit: befestigte, ebene Wege; Wegführung über Treppen kann umgangen werden, somit auch mit Rollstuhl/Rollator bzw. Kinderwagen zu befahren; einige Ruhebänke auf dem Weg; öffentliches WC; ganzjährig begehbar (am schönsten von Mai bis Oktober, da dann die Wasserspiele bestaunt werden können)

Informationen:

Flyer: www.ebw-oberfranken-mitte.de (Projekte/Franziskusweg)

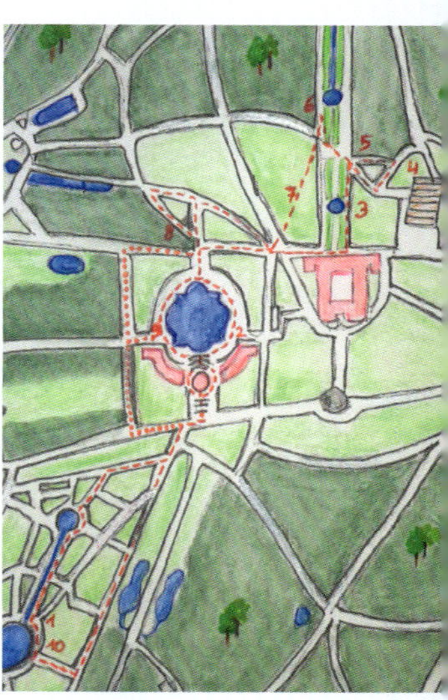

Ausgewählte Psalmen in der herrlichen Natur der Fränkischen Schweiz

Psalmenweg

Pottenstein

20

Anlässlich des 20. Weltjugendtags 2005 wurde dieser Weg von den beiden Pfarrgemeinden Pottenstein und Hohenmirsberg initiiert und zusammen mit Jugendlichen und sogar Gästen aus Frankreich umgesetzt. Die sechs Stationen sind in Anlehnung an die jeweiligen Psalmen gestaltet. Diese spiegeln die Themen: „Führung und Leitung", „Zuflucht", „Geborgenheit", „Schutz", „Liebende Sorge" und „Lob Gottes". Jede Station wurde an ausgewählter Stelle platziert, passend zum Inhalt des Psalms. So befindet sich das Thema „Geborgenheit" zum Beispiel in einer Halbhöhle. Darin ist die Tafel mit dem Psalm angebracht, die den Text des Gebets präsentiert.

Die Wegführung ist bestechend. Alle typischen Facetten dieser beliebten Wander-Region können hier erspürt werden: Auf der Jurahöhe durchqueren wir steinreiche Ackerflächen, wo wir sogar – mitten auf dem Weg – Versteinerungen finden können. Wir wandern durch lichte Mischwälder, laufen auf Wiesenpfaden durch die Magerrasen mit Wacholderheide, begleiten auf einem Wiesenpfad ein gluckerndes Bächlein. Von der Höhe kommend gelangen wir allmählich ins Tal, umgeben von mächtigen Felshängen, die sogar die eine oder andere Höhle aufweisen. Schließlich erreichen wir das mittelalterlich geprägte Städtchen Pottenstein, mit der hohen Burg als Wächter oben am Berg, um dort in der Pfarrkirche unseren Weg abzuschließen.

Der Weg

Wir beginnen in Hohenmirsberg mit einem Besuch der schönen Kirche St. Martin, von barocken Altären geschmückt. Dann laufen wir durch den Ort abwärts Richtung Pottenstein, halten uns nach der Ortschaft gemäß der Beschilderung links und laufen in die freie Natur. Nach einem knappen Kilometer gelangen wir zur Station „Lob Gottes" mit Psalm 104. Neben der Texttafel steht ein Kunstwerk, eine Weltkugel, mit der Achse in einem Steinsockel fest verankert. Dies illustriert die Zeilen: „Du hast die Erde auf Pfeiler gegründet; in alle Ewigkeit wird sie nicht wanken." Darunter stehen noch einige Gedanken. Etwa 100 Meter nach der Station biegt unser Weg vom Hauptweg ab, auch hier steht ein Wegweiser. Wir sind in einer sehr abwechslungsreichen Landschaft unterwegs: am Waldrand entlang, durch Wiesenflächen, in einem Mischwald, wo sich auch der Charakter des Wegs ändert und zum Pfad wird. All unsere Sinne sind nun wach: das Singen der Vögel begleitet uns im Wald, an den Wiesen das Zirpen der Grillen. Schmetterlinge verschiedenster Art gaukeln an uns vorbei. Der Duft blühender Sträucher verwöhnt die Nase. Wir sind mitten in einer herrlichen Natur! Nacheinander treffen wir auf unsere Stationen, haben dort jedes Mal Gelegenheit, zu

sitzen und zu rasten. Nach dem Ort Haselbrunn verläuft der Weg eine Weile parallel zur Straße. Nun heißt es aufpassen: Wenn die Straße um einen hohen Felsen eine Biegung nach rechts macht, queren wir sie. Wir setzen den Weg auf der anderen Seite auf einem gut sichtbaren Wiesenpfad fort, der ein Bächlein begleitet. Nicht weit entfernt wartet die Station mit der Halbhöhle auf uns. Schließlich gelangen wir durchs Mariental nach Pottenstein, wo wir in der schmucken, barocken Pfarrkirche unseren Weg beschließen können.

Impuls: Millionen Menschen haben die Worte dieser Psalmen gelesen, gehört, sich von ihnen berühren lassen. Welcher Psalm/welche Station hat mich besonders berührt?

Gebet

Guter Gott, diese biblischen Texte verbinden mich mit Menschen, die schon vor langer Zeit an Dich geglaubt haben. Du warst und bist Ansprechpartner, Tröster, Mutmacher, Beschützer. Dafür danke ich Dir. Bitte segne und begleite mich auch auf meinem weiteren Lebensweg. Amen.

Tipps:

→ **Streckenwanderung!** Beginn an der Stadtpfarrkirche St. Bartholomäus in Pottenstein oder bei St. Martin in Hohenmirsberg (hier beschrieben). Rückkehr mit dem Bus Linie 397 (ca. 10 Min.) möglich; Auskunft über Fahrzeiten: www.vgn.de → **Möglichkeiten zur Einkehr** in Hohenmirsberg, Haselbrunn oder Pottenstein → **Pottenstein** ist ein sehr sehenswerter Ort; es gibt auch einen „Elisabethweg" im Zentrum, der an einen Aufenthalt der hl. Elisabeth von Thüringen erinnert.

Ausgangspunkt: Pfarrkirche St. Martin in Hohenmirsberg; Parkplatz oberhalb der Kirche, Bushaltestelle in der Nähe;

Weglänge/-dauer: ca. 6 km/ca. 2–2,5 Std.

Beschaffenheit: beinahe durchgehend eben oder abwärts führend (bei Beginn in Hohenmirsberg); Feld- und Waldwege; Wiesen- und Waldpfade; immer wieder Ruhebänke, auch mit Tischgruppen; nicht barrierefrei;

Informationen: www.pottenstein.de/psalmenweg-3 (hier auch Download eines Flyers mit Wegskizze und Psalmentexten)

Nachdenken über Jesus und seine Beziehung zu den Menschen anhand seiner „Ich-bin-Worte“

Andachtsweg

Kühlenfels

21

Der Andachtsweg entstand 2008 als Idee des verstorbenen Geistlichen Willi Hofmann. Zunächst hatte man an eine Art „Kreuzweg“ in der Lindenallee gedacht. Kurz sollte er sein, den Glauben hinaustragen in die Welt und auch gangbar sein für ältere Menschen. Ingrid Schacht, Künstlerin einer nahegelegenen Töpferei, sollte diesen Weg ausgestalten. Sie suchte nach einem Thema, das Neugier weckt und zugleich mit ihrem Werkstoff „Ton“ gut umsetzbar wäre – und allmählich formte sich ihre Idee heraus: „Was ist das für ein Mensch?“ war schon immer die Frage, die Menschen im Hinblick auf Jesus bewegte. In seinen berühmten „Ich-bin-Worten“ stellt sich Jesus selbst vor und zeigt, wer er als Sohn Gottes für uns Menschen sein will: Hirte; Tür; Weinstock; Brot des Lebens; Auferstehung und Leben; Licht der Welt; Weg, Wahrheit und Leben.
So sollen nun sieben Reliefplatten, aus Ton geformt und in einem Metallrahmen gefasst, diese Worte Gestalt werden lassen. Sie können unsere Beziehung zu Jesus beleuchten und uns vielleicht auch fragen lassen: Wer ist Jesus für mich?

Der Weg

Wir verlassen den Parkplatz an der Kirche von Kühlenfels, halten uns rechts und laufen ein kurzes Stück die Straße hinunter. An der nächsten Gabelung sehen wir die Beschilderung „Andachtsweg“, nach der wir uns nun richten können. Wenn wir schließlich links von der asphaltierten Straße abbiegen, sehen wir sie vor uns: die prächtige, alte Lindenallee! Hier beginnt unser Besinnungsweg. Wir laufen in der beeindruckenden Allee nun stets leicht bergab, bewundern die wunderbaren, mächtigen, auch urig geformten knorrigen Bäume. Bald gelangen wir an eine Art Platz, hier wurde der Weg verbreitert, um Raum zu schaffen. Wir finden – nur wenige Meter voneinander entfernt – die ersten drei Kunstwerke. Wir betrachten das Relief „Der gute Hirte“: Die Keramikplatte mit dem Bild eines Hirten und einigen Schafen ist in geschmiedetem Eisen gefasst und auf einem großen Naturstein angebracht. Im Relief ist der Text der Bibelstelle eingebrannt: „Ich bin der gute Hirte“. Wenn uns auch das Bild eines Hirten recht fremd geworden ist, so verstehen wir doch: Er kümmert sich um unser Wohlergehen.

Zusätzliche Impulse zum Nachdenken gibt uns der Flyer „Lebensweg“: Früher waren die Wölfe eine reale Gefahr für die Schafe. Jesus riskiert sein Leben, um das Schaf aus dieser Gefahr zu retten. Welches sind meine „Wölfe“ im Leben? Streit, Neid, Lieblosigkeit ...? Wer sich unter den Schutz Jesu stellt, kann sein Eingreifen erfahren. Tiefer Frieden und Geborgenheit können sich im Herzen ausbreiten.

Wir spazieren weiter den Berg hinab. In Abständen findet sich immer wieder eine Keramik-Reliefplatte mit seinem „Wort“. Der Flyer mit seinen Texten gibt uns immer wieder Gedankenanstöße. Zwischen den Stationen laden einige Ruhebänke zum Hinsetzen ein.
Unterwegs entdecken wir ein Hinweisschild: Zur Mariengrotte. Es ist ein Abzweig von etwa 150 Meter Länge, der zu einer kleinen Grotte führt. Soldaten aus Kühlenfels habe sie erbaut, aus Dankbarkeit über die sichere Heimkehr aus dem Zweiten Weltkrieg. Der Weg dorthin führt über Treppen und einen Wald-Pfad und wieder zum Abzweig auf die Allee zurück.
Wir betrachten das siebte Keramikrelief und kehren dann um. Auf dem Weg zurück können wir die Kunstwerke nun noch einmal aus einer anderen Perspektive anschauen.

Impuls: Welches Bild/Wort spricht mich besonders an? Gibt es eine Erinnerung – oder eine Sehnsucht?

Gebet/Lied:
Meine Hoffnung und meine Freude,
meine Stärke, mein Licht,
Christus meine Zuversicht,
auf dich vertrau ich
und fürcht' mich nicht. (Taizé)

Tipps:
→ **Ausweitung:** Sollten wir noch Zeit und Lauffreude haben, spazieren wir nach dem letzten Kunstwerk weiter, hinunter in das Klumpertal, eines der schönsten unberührten Täler der fränkischen Schweiz. Wir wandern noch etwa eine halbe Stunde bis zum Gasthof Schüttersmühle, einem bekannten Ausflugslokal. Hier können wir lecker einkehren (etwa eine Stunde reine Gehzeit mehr). → **Besuch der Töpferei Schacht** in Weideloh → Begehen des **Psalmenwegs in Pottenstein** → Vielfältige **Besichtigungsmöglichkeiten** in der Umgebung (Pottenstein; Basilika Gößweinstein); die Fränkische Schweiz ist ein herausragendes Wandergebiet!

Ausgangspunkt: Parkplatz an der Kirche in Kühlenfels; ÖPNV: Bushaltestelle im Ort (Bus ab Pottenstein fährt nicht täglich!); Parkplatz bei der Schüttersmühle (ca. ½ Std. bis zur Allee)
Weglänge/-dauer: ca. 1,5 km/ca. 1 Std.
Beschaffenheit: zunächst asphaltiert, dann Waldweg, leicht bergab; ganzjährig begehbar, am schönsten zur Lindenblüte; auch für ältere Besucher – evtl. mit Rollator – geeignet oder für Familien mit Kinderwagen; mehrere Ruhebänke
Informationen: www.toepferei-schacht.de (Download des Flyers oder Mitnahme in der Töpferei) → www.pottenstein.de (Das ist Pottenstein/besinnlich und meditativ)

Weitere Wege

1

Liborius-Wagner-Besinnungspfad

Altenmünster (Stadtlauringen)

Ein Glaubensvorbild kennenlernen

Zum Andenken an Pfarrer Liborius Wagner, der in Altenmünster gewirkt hatte und 1974 als Glaubenszeuge seliggesprochen wurde, entstand im Jahr 2020 dieser Besinnungsweg im Landkreis Schweinfurt. Zwei große Tafeln über seinen Lebensweg und sechs weitere kleinere Tafeln, die seine Charakterzüge widerspiegeln, sollen den Besucher informieren und spirituell inspirieren.

Beginn/Ende: Kirche Mariä Himmelfahrt, Altenmünster; Parken an der Straße; ÖPNV: mit S-Bahn und Bus in ca. 1 Std. vom Hbf. Schweinfurt (unregelmäßige Verbindungen!)
Weglänge/-dauer: Rundweg um die Kirche, 30–60 Min.
Einkehrmöglichkeiten: einige außerhalb von Altenmünster
Information: www.wallfahrt.bistum-wuerzburg.de (Wege)

2

Bildstockwege

Egenhausen

Von Bildstock zu Bildstock wandern

In einer Gegend, in der seit mehr als 400 Jahren Bildstöcke die Landschaft prägen, sind rund um das Bildstockzentrum von Egenhausen im Landkreis Schweinfurt mehrere Bildstockwege – auch Radwege – beschildert. Hier können wir eintauchen in die Kulturgeschichte und Frömmigkeit dieser Gegend.

Beginn/Ende des Rundwegs 1: „Kapelle am Steinberg" rechts vor dem Ort (von Schnackenwerth her kommend); Parkplatz; ÖPNV: ab Schweinfurt per Bus ca. 30 Min.
Markierung: grüner Kreis mit Bildstöcken
Weglänge/-dauer: ca. 5 km/1–1,5 Std.
Beschaffenheit: Feld- und Gehwege, teilweise asphaltiert
Tipp: Besichtigung des Bildstockzentrums an Sonntagen im Sommer (11–17 Uhr)
Einkehr: Sportheim oder in Nachbarorten
Information: www.bildstockzentrum.de

Glattbacher Kreuzweg

3

Glattbach

Einen modernen Kreuzweg gehen

Der Kreuzweg oberhalb von Glattbach im Landkreis Aschaffenburg wurde von dem fränkischen Künstler Alois Bergmann-Franken und seinem Sohn gestaltet. Die 14 Bildstöcke mit Mosaik-Bildern aus Keramikstücken säumen den moderat ansteigenden Weg.

Beginn/Ende: Waldspielplatz im Norden des Orts

Weglänge/-dauer: 600 m einfach/ ½ Std.

Beschaffenheit: relativ glatter Bodenbelag; auch für ältere Besucher oder Familien mit Kinderwagen möglich

Einkehrmöglichkeiten: vor Ort in Glattbach

Tipp: Krippenmuseum Glattbach

Information: www.main-echo.de (Freizeit/Erlebnisse)

Besinnungsweg
Rieneck

Mit Sprüchen rund um den Herrgottsberg

Der Weg besteht seit etwa 2004, Initiator war Diakon Walter Konrad. Sprüche von Augustinus, Papst Benedikt, Goethe und anderen sind mit Ölfarbe auf Sandsteine aufgemalt, die den Weg säumen. Sehr reizvoll ist die verschiedenartige Vegetation bei der Umrundung des Bergs. Die Wegführung deckt sich zum großen Teil mit dem gekennzeichneten „Schmetterlingsweg".

Beginn/Ende: Marktplatz Rieneck
Weglänge/-dauer: ca. 2,5 km/ 1–1,5 Std.
Beschaffenheit: relativ eben; bei Beginn am Hergottsberg (vom Bahnhof her kommend) barrierefrei
Einkehrmöglichkeiten: im Ort
Tipp: Rieneck bietet noch weitere Outdoor-Aktivitäten, auch für Kinder
Information: www.spessart-erleben.de/ content/schmetterlingsweg

5

Franziskusweg

Kloster Schwarzenberg, Scheinfeld

Dem Lebensweg des hl. Franziskus folgen

Terrakottabilder eines Künstlers aus Assisi begleiten den Lebensweg des Heiligen und stellen Szenen aus seinem Leben dar:
1. Franziskus hört den Herrn vom St.-Damiano-Kreuz herunter sprechen. 2. Er verzichtet auf das väterliche Erbe. 3. Der Papst bestätigt seine Regel. 4. Die Weihnachtsfeier in Greccio.
5. Er verbannt den Teufel aus Arezzo. 6. Die „Vogelpredigt".
7. Er empfängt die Wundmale. 8. In einer Ekstase. 9. Innozenz III. sieht im Traum Franziskus die Lateranbasilika stützen.

Beginn/Ende: Franziskanerkloster Schwarzenberg in Scheinfeld im südlichen Steigerwald; Parken am Kloster; ÖPNV: Busverbindung ab Neustadt/Aisch ca. 30 Min.
Ausgangspunkt: Klostergarten
Weglänge/-dauer: kurzer Weg
Beschaffenheit: barrierefrei
Einkehrmöglichkeiten: Schlossgaststätte Schwarzenberg und weitere Gaststätten in Scheinfeld
Information: www.kloster-schwarzenberg.de

Kirchenjahresweg

Bürglein (Heilsbronn)

Mit Pflanzen durch das liturgische Kirchenjahr

Im Kirchhof von St. Johannes mitten im kleinen Dorf Bürglein findet man den Kirchenjahresweg. Vielfältige Pflanzen weisen durch ihre Blüte, Blätter oder Rinde auf die liturgischen Farben des Kirchenjahres hin. Eine Informationstafel gibt eine Übersicht. Die jeweils aktuelle Station des Kirchenjahresweges ist mit einem zusätzlichen Info-Ständer versehen. Neben einer Assoziation zur entsprechenden Pflanze und dem Kirchenjahr gibt es dort auch ein Bibelwort sowie eine kirchenjahrbezogene Meditation.

Beginn/Ende: Kirche St. Johannes, Bürglein bei Heilsbronn; Parken an der Straße; ÖPNV: mit S-Bahn und Bus in ca. 1 Std. vom Hbf. Nürnberg erreichbar
Weglänge/-dauer: um die Kirche herum; 30–60 Min.
Einkehrmöglichkeiten: Griechisches Restaurant (abends; Sa, So auch mittags)
Information: www.buerglein-evangelisch.de

7

Vier Perlen am Jakobsweg

Großhaslach

Begegnung mit den Schöpfungselementen

Der am Jakobsweg gelegene Perlenweg vergegenwärtigt in vier angelegten Stationen die Schöpfungselemente Feuer, Wasser, Erde und Luft und stellt ihnen Verse aus dem Psalm 104 gegenüber. Er ist als Ergänzung für Jakobspilger gedacht oder einfach für Besucher, die eine gute Stunde die ruhige, ländliche Umgebung mit eindrücklichen Psalmenworten genießen möchten.

Beginn/Ende: Marienkirche Großhaslach; Parkplatz am Friedhof; ÖPNV: Zug/Bus ca. 1 Std. 10 Min. ab Nürnberg Hbf.
Markierung: blaue Jakobsmuschel
Weglänge/-dauer: 3 km/1–1,5 Std.
Beschaffenheit: barrierefrei; weithin eben; Ruhebänke in Abständen vorhanden
Einkehrmöglichkeiten: im Dorf
Information: www.grosshaslach-evangelisch.mws3.de (→ Unser Gemeindegebiet)

Ökumenischer Bibelweg
Mühlhausen

8

Geschichten aus der Bibel begegnen

Der Ökumenische Bibelweg im Talgrund der „Reichen Ebrach" in Mittelfranken wurde von mehreren Gemeinden gemeinsam realisiert. Er ist sowohl für eine Tageswanderung wie auch für Radfahrer geeignet. Er besteht aus 14 Stelen mit von Künstlern gestalteten Bildtafeln und Texten, die je nach Kirchenjahreszeit gewechselt werden (Fastenzeit, Ostern, Pfingsten).

Beginn/Ende: Spielplatz Decheldorf; Parkplatz; mit ÖPNV ab Höchstadt/Aisch in ca. 20 Min., dann besser in Mühlhausen beginnen!
Weglänge/-dauer: 17 km/4–6 Std.
Information: www.muehlhausen-evangelisch.de (→ Gemeindeleben)

9

Kapellenweg

Königsfeld

Von Kirchen zu Kapellen wandern

Am nördlichen Rand der Fränkischen Schweiz verläuft dieser Weg in vier Routen durch eine ausnehmend reizvolle Landschaft. Er führt vorbei an Kirchen und Kapellen, Zeugen einer tief verwurzelten religiösen Tradition dieser Gegend. Drei längere Wegführungen (zwölf bis 17 Kilometer) laden zu einer besinnlichen Tageswanderung ein und sind auch für Radfahrer gut geeignet. Der kurze Weg (s. unten) führt durch und um den Ort Königsfeld.

Beginn/Ende: Kirche in Königsfeld
Weglänge/-dauer: 3,5 km/ca. 1 Std.
Beschaffenheit: überwiegend asphaltiert
Einkehrmöglichkeiten: mehrere im Ort
Tipp: Ein informativer Flyer der Wege mit Gebeten und Impulsen kann heruntergeladen werden (s. u.)
Information:
koenigsfeld-oberfranken.de
(→ Tourismus/Kapellenweg)

10

Pilgerweg Vierzehnheiligen

Untermerzbach/Seßlach

Auf alten Wallfahrerwegen mit modernen Kunstwerken zur Basilika Vierzehnheiligen

Die beiden markierten Wege verlaufen auf zwei historischen Pilgerrouten zum Zielpunkt Vierzehnheiligen. Von Seßlach aus bereichern zwölf Kunstobjekte den Pilgerweg, von Untermerzbach aus säumen neun Skulpturen den Weg. Beide Wege führen durch eine besonders idyllische Landschaft am Obermain, gesäumt von Ortschaften mit herrlichen Fachwerkhäusern.

Beginn/Ende: Untermerzbach bzw. Seßlach; Ziel ist die Wallfahrtskirche Vierzehnheiligen
Weglänge/-dauer: 17 bzw. 21 km/4–6 Std.
Einkehrmöglichkeiten: mehrere unterwegs
Information: www.pilgerweg-vierzehnheiligen.de

11

Fränkischer Marienweg

An Orten der Marienverehrung wandern

Der Fränkische Marienweg hat eine Länge von rund 2000 Kilometer und verbindet 90 Marien-Wallfahrtsorte in den Wanderregionen Spessart, Rhön, Haßberge, Steigerwald, Frankenwald, Fränkische Alb und Fränkische Schweiz. Man kann gut einzelne Etappen gehen. Für die Streckenwanderung muss man einen notwendigen Rücktransport selbst organisieren. Der Weg ist gut ausgeschildert und wird gepflegt.
Beispiel im Frankenwald: Von Kronach zur Wallfahrtskirche „Mariä Geburt" in Glosberg (siehe unten).

Beginn: Bahnhof Kronach
Ende: Kirche in Glosberg (unregelmäßige Busverbindung)
Weglänge/-dauer: ca. 6,5 km/ca. 1,5 Std.
Markierung: Muttergottes mit Kind
Tipp: Altstadt und Festung von Kronach sind sehr sehenswert!
Information: www.fraenkischer-marienweg.de

12

Jakobsweg

Unterwegs auf einer Etappe des Jakobswegs

Ein großes Netz von Jakobswegen und seinen Zubringerwegen durchzieht Franken. Man kann gut auch einzelne Etappen oder Halbtagestouren gehen. Oftmals ist ein Start fast von der Haustür aus möglich. Für diese Streckenwanderung ist es notwendig, selbst für einen Rücktransport zu sorgen beziehungsweise die Möglichkeiten des ÖPNV auszuloten. Der Weg ist gut markiert und wird gepflegt. Es gibt zahlreiche Bücher und Wegmaterial. Beim „Samstagspilgern" werden in Oberfranken auch geführte Einzel-Etappen angeboten (siehe unten).

Markierung: gelbe Muschel auf blauem Grund
Information:
www.jakobus-franken.de
www.jakobus-oberfranken.de

13

Ökumenischer Pilgerwanderweg

Auf den Spuren der Missionare Willibald, Wunibald, Walburga und Sola

Auf etwa 51 Kilometern folgt dieser Weg zwischen Eichstätt und Heidenheim etappenweise in reizvoller Landschaft dem Wirken dieser Missionare. Er führt zurück zur gemeinsamen Grundlage der Konfessionen. Gleichzeitig ist er auch Verbindungsweg zwischen zwei Jakobswegen.

Beginn/Ende: je nach ausgewählter Etappe; Streckenwanderung! Die Ausgangs-/Endpunkte sind meist mit öffentlichen Verkehrsmitteln zu erreichen.
Markierung: zwei Kirchen mit Kreuz auf gelbem Grund
Weglänge/-dauer: 10–14 km/ 3–5 Std.
Einkehrmöglichkeiten: in Dörfern an der Strecke
Information: www.fraenkisches-seenland.de/wege/oekumenischer_pilgerwanderweg-3004

Literaturhinweise

Ein Zitat (s. S. 30) habe ich entnommen aus:
Günter und Monika Werner, Atem-Wege, Echter Verlag, Würzburg, 6. Auflage 2014.

Nützlich fand ich die Broschüre des Referats Geistliches Leben der Diözese Würzburg „12 Wege", in der einige der Wege kurz beschrieben sind.

Des Weiteren habe ich mich bei der Recherche auf die Flyer und Begleithefte/-bücher von allen Wegen gestützt, die im Internet erhältlich waren bzw. die zum Mitnehmen auslagen.

Interessant fand ich auch zwei Internetportale, die jeweils eine Auflistung und kurze Beschreibung von Besinnungswegen anbieten:

- www.pilgern-bayern.de
  (→ Wege in Bayern → Regionale Meditationswege)
- www.bistum-wuerzburg.de
  (→ Glaube & Leben → Wallfahrten und Pilgerwege)

Fotonachweis:
© Alle Fotos von Christel Sakalow,
mit Ausnahme der folgenden:
S. 140: © Martin Hahn
S. 145: © Marc Wagener/Kirchengemeinden
Mühlhausen u. Weingartsgreuth
S. 149: © Pfarrer i. R. Michael Thein
S. 150: © Pixabay

Bibliografische Information der Deutschen Bibliothek:
Die Deutsche Nationalbibliothek verzeichnet diese
Publikation in der Deutschen Nationalbibliografie;
detaillierte bibliografische Daten sind im Internet
über http://dnb.d-nb.de abrufbar.

www.echter.de
Gestaltung: wunderlichundweigand
Druck und Bindung: Pustet, Regensburg
ISBN 978-3-429-05727-5